Edelgard Moers

Dichtergeschichten lesen – Sprache gestalten

12 biografische Geschichten – differenzierte Textverständnisaufgaben – motivierende Kreativaufträge

GRATIS-DOWNLOADS
für das Fach Deutsch

Sichern Sie sich eine kostenlose Lesespurgeschichte für den Deutschunterricht!

Download der Gratis-Materialien unter
www.auer-verlag.de/07446DK1

Gedruckt auf umweltbewusst gefertigtem, chlorfrei gebleichtem und alterungsbeständigem Papier.

1. Auflage 2019
© 2019 Auer Verlag, Augsburg
AAP Lehrerwelt GmbH
Alle Rechte vorbehalten.

Das Werk als Ganzes sowie in seinen Teilen unterliegt dem deutschen Urheberrecht. Der Erwerber des Werks ist berechtigt, das Werk als Ganzes oder in seinen Teilen für den eigenen Gebrauch und den Einsatz im Unterricht zu nutzen. Die Nutzung ist nur für den genannten Zweck gestattet, nicht jedoch für einen weiteren kommerziellen Gebrauch, für die Weiterleitung an Dritte oder für die Veröffentlichung im Internet oder in Intranets. Eine über den genannten Zweck hinausgehende Nutzung bedarf in jedem Fall der vorherigen schriftlichen Zustimmung des Verlags.

Sind Internetadressen in diesem Werk angegeben, wurden diese vom Verlag sorgfältig geprüft. Da wir auf die externen Seiten weder inhaltliche noch gestalterische Einflussmöglichkeiten haben, können wir nicht garantieren, dass die Inhalte zu einem späteren Zeitpunkt noch dieselben sind wie zum Zeitpunkt der Drucklegung. Der Auer Verlag übernimmt deshalb keine Gewähr für die Aktualität und den Inhalt dieser Internetseiten oder solcher, die mit ihnen verlinkt sind, und schließt jegliche Haftung aus.

Covergestaltung: Nicole Sandner, Nordendorf
Umschlagfoto: Adobe Stock: 50456414, Urheber soleg / Adobe Stock: 48345866, Urheber: HaywireMedia / AdobeStock: 222989717, Urheber: MarusyaChaika / AdobeStock: 230986408 Urheber: MarusyaChaika
Illustrationen: Corina Beurenmeister
Satz: tebitron gmbh, Gerlingen
Druck und Bindung: Korrekt Nyomdaipari Kft.
ISBN 978-3-403-**08283**-5
www.auer-verlag.de

Inhalt

Vorwort 5

Wilhelm Busch 7
Lehrerinformation
Lesetext leicht *
Lesetext schwer **
Textverständnisaufgabe leicht *
Textverständnisaufgabe schwer **
Kreativauftrag: Wir schreiben humorvolle Reimgedichte

Julia Donaldson 25
Lehrerinformation
Lesetext leicht *
Lesetext schwer **
Textverständnisaufgabe leicht *
Textverständnisaufgabe schwer **
Kreativauftrag: Wir erstellen ein eigenes Bilderbuch

Matthias Claudius 13
Lehrerinformation
Lesetext leicht *
Lesetext schwer **
Textverständnisaufgabe leicht *
Textverständnisaufgabe schwer **
Kreativauftrag: Wir dichten ein Lied

Johann Wolfgang von Goethe 31
Lehrerinformation
Lesetext leicht *
Lesetext schwer **
Textverständnisaufgabe leicht *
Textverständnisaufgabe schwer **
Kreativauftrag: Wir schreiben ein eigenes Buch mit Gedichten

Charles Dickens 19
Lehrerinformation
Lesetext leicht *
Lesetext schwer **
Textverständnisaufgabe leicht *
Textverständnisaufgabe schwer **
Kreativauftrag: Wir schreiben eine Abenteuergeschichte

Josef Guggenmos 37
Lehrerinformation
Lesetext leicht *
Lesetext schwer **
Textverständnisaufgabe leicht *
Textverständnisaufgabe schwer **
Kreativauftrag: Wir schreiben Haikus

Inhalt

August Hoffmann von Fallersleben 43
Lehrerinformation
Lesetext leicht *
Lesetext schwer **
Textverständnisaufgabe leicht *
Textverständnisaufgabe schwer **
Kreativauftrag: Wir erfinden eigene Strophen zu einem Lied

Erich Kästner 49
Lehrerinformation
Lesetext leicht *
Lesetext schwer **
Textverständnisaufgabe leicht *
Textverständnisaufgabe schwer **
Kreativauftrag: Wir erforschen eine Bibliothek

James Krüss 56
Lehrerinformation
Lesetext leicht *
Lesetext schwer **
Textverständnisaufgabe leicht *
Textverständnisaufgabe schwer **
Kreativauftrag: Wir dialogisieren einen Text und schreiben ein Drehbuch

Christian Morgenstern 62
Lehrerinformation
Lesetext leicht *
Lesetext schwer **
Textverständnisaufgabe leicht *
Textverständnisaufgabe schwer **
Kreativauftrag: Wir schreiben humorvolle Gedichte

Joachim Ringelnatz 68
Lehrerinformation
Lesetext leicht *
Lesetext schwer **
Textverständnisaufgabe leicht *
Textverständnisaufgabe schwer **
Kreativauftrag: Wir erproben verschiedene Gedichtformen

Friedrich Schiller 75
Lehrerinformation
Lesetext leicht *
Lesetext schwer **
Textverständnisaufgabe leicht *
Textverständnisaufgabe schwer **
Kreativauftrag: Wir schreiben Sinnesgedichte

Reflexionsbogen 81
Lösung 82

Vorwort

Kinder sind neugierig auf die Welt und stellen gerne ihre eigenen inneren Bilder kreativ dar. Deshalb sind tolle Geschichten gerade über Dichter spannend und anregend für eine weitere Beschäftigung mit ihnen. Die Kinder lesen diese Texte und informieren sich so über das Leben dieser berühmten Menschen. Sie erfahren von interessanten Begegnungen und Erlebnissen oder können den Gedanken und Gefühlen der Protagonisten in unterschiedlichen Lebenssituationen nachspüren. Die Kinder bearbeiten die danach folgenden Textverständnisaufgaben einzeln, mit einem Partner oder in einer Gruppe. Sie lernen miteinander und voneinander, üben die Begegnung mit einem Text auf vielfältige Weise, und sie erfahren, dass jeder einen Teil der Arbeit übernehmen kann und alle dabei lernen. Die Kinder lesen sich gegenseitig die Geschichten vor und achten auf eine deutliche Aussprache und einen flüssigen Vortrag. Das Partner- und Gruppenlesen, das auch Dialogisches Lesen oder Reziprokes Lesen genannt wird, trainiert darüber hinaus viele Lesestrategien. Die Schüler*innen leiten auf diese Weise ihre Wissenserweiterung und ihr Textverständnis selbst. Der kooperative Austausch über den individuell erschlossenen Text und die Anwendung von Lesestrategien ist für die Entwicklung ihrer Lesekompetenz entscheidend. So aktivieren sie bei der Begegnung mit einem neuen Text zunächst ihr Vorwissen. Sie notieren zu dem Namen des Dichters bereits vorhandenes Wissen und tauschen sich mit anderen darüber aus. Sie trainieren unterschiedliche Lesearten, indem sie den Text still und allein lesen sowie laut und sinngestaltend vortragen. Sie erarbeiten sich den Inhalt mithilfe verschiedener Lesestrategien, in dem sie …

antizipieren:
Vermutungen zur Überschrift oder zu einer Situation im Text anstellen und Vorhersagen treffen, gelerntes Vorwissen einbringen, eine Fortsetzung erfinden;

erweitern:
über den Text hinausdenken, einen Text an verschiedenen Stellen auffüllen, Gedanken und Gefühle der Protagonisten ergänzen, einen Text weiterschreiben;

klären:
unbekannte oder mehrdeutige Begriffe im Text klären, Schlüsselbegriffe im Text finden, Fragen zum Text formulieren, Fragen und Wörtern auf den Grund gehen, mehrere Textpassagen sinnvoll miteinander in Beziehung bringen;

motivieren:
Freude am Lesen und an der Arbeit mit Texten haben, sich selbst und andere für den Inhalt und die Methoden zur Erarbeitung begeistern;

präsentieren:
den Inhalt des Textes sinngestaltend vortragen, den Inhalt des Textes mit eigenen Worten präsentieren, den Inhalt des Textes dialogisieren und als Rollenspiel zum Ausdruck bringen;

reflektieren:
das Gelernte diskutieren und Lernprozesse reflektieren, formulieren, was sie bereits können und woran sie noch arbeiten werden, das Lesen und den Text als persönliche Hilfe begreifen;

strukturieren:
den Text überfliegen und in Sinnabschnitte oder Schrittfolgen einteilen;

selektieren:
den roten Faden erkennen und darstellen, das Bedeutsame im Text markieren, ausgewählte Situationen im Text kreativ gestalten, Gedanken und Gefühle der Protagonisten kreativ zum Ausdruck bringen, angegebene Sachverhalte aus einer Textpassage erschließen, implizit im Text enthaltene Sachverhalte aufgrund des Kontextes erschließen;

verschriftlichen:
Notizen zum Text anfertigen, einen Text zum Inhalt schreiben;

visualisieren:
den Text in eine andere Darstellungsform bringen, z. B. Gedankensonne, Cluster, Wörternetz, Mindmap, Lernplakat, Begriffspyramide, Tabelle, Zeitleiste oder Diagramme erstellen, sich ein Bild vom Inhalt machen, Bild zum Inhalt zeichnen oder malen, Bildergeschichte malen, Grafik erstellen, Symbol zum Inhalt finden;

wiederholen:
sich im Text orientieren, gesuchte Wörter im Text erkennen, Textteile miteinander vergleichen;

wahrnehmen:
beim Vorlesen konzentriert zuhören, beim eigenen Lesen den Inhalt aufnehmen und in einen Zusammenhang bringen, eigene innere Bilder zum Text entfalten;

zusammenfassen:
den Inhalt mit eigenen Worten zusammenfassen sowie das Bedeutsame im Text erkennen und darstellen;

Vorwort

Jeder **Lesetext** ist in zwei Schwierigkeitsstufen (leicht * und schwer **) vorhanden. Zu allen Texten gibt es Textverständnisaufgaben (auch leicht* und schwer**), die den folgenden vier Lernschritten zugeordnet sind:
- Vorwissen austauschen,
- dem Text begegnen,
- den Text untersuchen sowie über den Text hinausdenken.

Die Lernangebote in diesem Buch sollen die Motivation der Kinder für die Arbeit an Texten erhalten und weiter fördern. Die Kinder können sich noch weiter mit den bekannten Autoren beschäftigen, dazu recherchieren und sich von ihnen für das Schreiben von Lyrik und Prosa begeistern lassen.

Bei den **Kreativaufträgen** werden folgende Kompetenzen gefördert:
- Gemeinsames Erstellen von Ideensammlungen für eigene Texte wie Gedankensonne, Cluster, Mindmap u. a.,
- Planen und Vorbereiten eigener Texte,
- Erproben des kreativen, produktiven, kommunikativen und sachbezogenen Schreibens,
- Schreiben eigener Texte in Lyrik und Prosa,
- Gemeinsame Überarbeitung eigener Texte,
- Techniken der Textüberarbeitung,
- Verständigung über Texte,
- Erklären, Verstehen und Annehmen von Überarbeitungstipps,
- Kommunizieren und Kooperieren,
- Dokumentieren und Veröffentlichen sowie
- Bewerten und Reflektieren.

Dieser Band trägt dazu bei, das Lernen zu lernen und sich selbstständig Inhalte zu erschließen. Durch die Kreativaufträge bekommen die Kinder vielfältige Anregungen, eigene Texte zu planen und Gedichte und Geschichten zu verfassen. Sie können ihre Texte zu Büchern zusammenfassen, in der Schülerzeitung veröffentlichen oder Lesungen durchführen, in denen sie diese vor einem Publikum präsentieren. Anschließend reflektieren sie ihre individuellen Lernprozesse. Sie erläutern, was sie gelernt haben, was ihnen gefallen hat, wie sie gearbeitet haben, worüber sie weiter nachdenken werden und woran sie weiterarbeiten werden. Sie formulieren, ob alle Fragen geklärt oder noch einige offen geblieben sind. Am Ende der Grundschulzeit sollen alle Kinder über tragfähige und ihren Lernvoraussetzungen entsprechende Kompetenzen verfügen, diese anwenden und für ihre eigenen Zwecke nutzen können. Durch dieses Buch wird nicht nur handlungsorientiertes fächerübergreifendes Arbeiten gefördert, sondern auch nachhaltiges Lernen in großen Zusammenhängen.

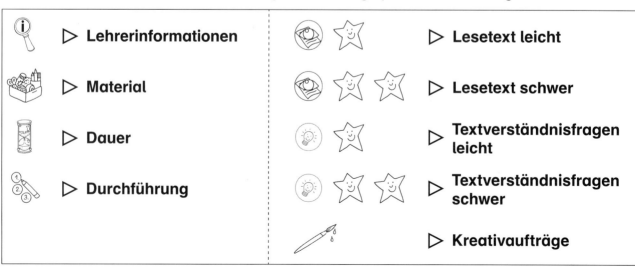

Wilhelm Busch

Warum Wilhelm Busch?
- ✓ Beispiel für einen Dichter, der humorvolle Geschichten in Reimen erzählte und illustrierte
- ✓ Beispiel für einen Künstler, der Bildergeschichten schrieb und zeichnete
- ✓ Beispiel für einen Dichter, der den Vorläufer des Comics erfand

Wer war das?
Wilhelm Busch schuf bekannte Bildergeschichten wie: *Max und Moritz, Die fromme Helene, Plisch und Plum, Hans Huckebein, Der Unglücksrabe, Die Knopp-Trilogie* und andere mehr. Er spiegelte die Selbstgefälligkeit einiger Typen, die Doppelmoral der Spießbürger und auch die Frömmelei von Geistlichen auf satirische Weise.
Seine Bildergeschichten gelten als Vorläufer des Comics. Viele seiner Zweizeiler sind heute zu Redewendungen oder Binsenweisheiten geworden. Seine Bildergeschichten folgen einem Handlungsablauf, der zunächst einen Konflikt beschreibt, sich weiter steigert und schließlich auflöst.
Die Handlung ist in Einzelszenen wie in einem Film zerlegt. Wilhelm Busch vermittelte auf diese Weise den Eindruck von Bewegung und Aktion. Diese Bewegungsdarstellung ist bisher von anderen Autoren unerreicht geblieben.

Wann war das?
Wilhelm Busch wurde 1832 in Wiedensahl geboren und starb 1908 in Mechtshausen. Er war ein bekannter Dichter und Zeichner, der sich dem Humor verschrieben hatte. Seine ersten Bildergeschichten erschienen 1859. Die humoristischen Dichter wie *Erich Kästner, Kurt Tucholsky, Joachim Ringelnatz, Christian Morgenstern, Eugen Roth* und *Heinz Erhardt* berufen sich auf Wilhelm Busch als ihren geistigen Verwandten.
Der Humor von Wilhelm Busch ist schwer zu beschreiben. Er ist oft grotesk und makaber und hat eine subtile Grausamkeit.
In den Geschichten von Wilhelm Busch ist kein unbeschwertes positives Menschenbild, sondern eher eine pessimistische negative Weltsicht zu erkennen. Wilhelm Busch beschrieb nicht nur lustige Streiche seiner Figuren *Max und Moritz*, sondern auch das tragische Ende der beiden Protagonisten als Bestrafung. In der *Frommen Helene* und in *Plisch und Plum* finden sich auch antisemitische Äußerungen über einen Juden.

Leseauftrag
Sowohl der Lesetext (**KV 1** oder **KV 2**) als auch die Textverständnisaufgaben (**KV 3** und **KV 4**) werden den Kindern zur Bearbeitung in differenzierter Form angeboten (leicht und schwer).

Kreativauftrag: Wir schreiben humorvolle Reimgedichte

- **KV 5** auf DIN A3 & evtl. Karton kopieren

ca. 90 Minuten

Die Kinder lesen Gedichte von Wilhelm Busch und lassen sich zum Schreiben eigener Gedichte anregen. Sie erfinden zwei Figuren so ähnlich wie Max und Moritz, die nur Unsinn treiben, und fassen die Abenteuer in einfache Reime AA BB CC. Sie achten beim Reimen darauf, dass die Silbenzahl in den einzelnen Versen gleich ist und dass der Rhythmus einigermaßen stimmig ist. Grundschulkinder können noch kein Versmaß beachten. Dafür sind sie noch zu jung und dieser Anspruch wäre viel zu hoch. Aber ein Gespür für lyrische Texte können einige Kinder in diesem Alter durchaus schon entwickeln.

Die Streiche von Erich und Wilhelm

Wilhelm Busch war ein kesser Junge.
Er hatte einen Haarwirbel und
kämmte ihn zu einer Tolle.
Sein Freund hieß Erich Bachmann.
5 Erich war der Sohn des
wohlhabenden Müllers.
Er hatte Pausbäckchen
und einen Pagenschnitt.
Erich und Wilhelm gingen
10 oft im Mühlenteich baden.
Sie hielten sich aber auch
gerne in der Mühle von
Erichs Vater auf.
Die beiden Jungen
15 beobachteten, wie das Korn
zu Mehl gemahlen wurde.
Aber manchmal machten sie auch alberne Streiche.
Angeregt durch diese Eindrücke in der Mühle erfand Wilhelm eine
Geschichte.
20 Er zeichnete zuerst die Geschichte in vielen Bildern.
Sie handelte von den zwei Buben Max und Moritz in der Mühle.
Dann schrieb er die Streiche der beiden Jungen in Reimen dazu.
Die Streiche von Max und Moritz waren aber viel schlimmer als die
von Erich und Wilhelm.

Wortspeicher

Wilhelm Busch	kesser (kess)	Erich Bachmann
Pausbäckchen	Mühlenteich	Pagenschnitt
Eindrücke	Mehl	Max und Moritz
Streiche	zeichnete (zeichnen)	erfand (erfinden)

KV 2 ☆ ☆

Name: Datum:

Die Streiche von Erich und Wilhelm

Wilhelm Busch wuchs bei seinem
Onkel auf.
Er konnte dort die Schule besuchen
und etwas lernen.
5 Wilhelm war ein kesser Junge.
Er hatte einen Haarwirbel und
kämmte ihn zu einer Tolle.
Sein einziger und wahrer
Freund war Erich Bachmann.
10 Erich war der Sohn des
wohlhabenden Müllers.
Er hatte Pausbäckchen
und einen Pagenschnitt.
Erich und Wilhelm gingen oft
15 im Mühlenteich baden.
Sie hielten sich aber auch
gerne in der Mühle auf.
Die beiden Jungen beobachteten,
wie das Korn zu Mehl gemahlen wurde.
20 Dabei waren sie ernsthaft bei der Sache.
Aber manchmal machten sie auch alberne Streiche.
Angeregt von diesen Eindrücken in der Mühle schrieb Wilhelm Busch
ein Buch.
Er erfand Max und Moritz und zeichnete ihre Streiche in Bildern.
25 Dann schrieb er die Abenteuer der beiden Buben in Reimen dazu.
Seine Fantasie ging oft mit ihm durch.
Er übertrieb maßlos und dramatisierte alles.
Die Streiche von Max und Moritz waren viel schlimmer als die von Erich und
Wilhelm.
30 Aber ein Autor darf in seinen Geschichten hemmungslos übertreiben.

Wortspeicher

Wilhelm Busch	Erich Bachmann	wohlhabenden (wohlhabend)
gemahlen	hemmungslos	Eindrücken (Eindruck)
Mühle	Fantasie	dramatisierte (dramatisieren)
maßlos	Autor	beobachteten (beobachten)

KV 3

Name: Datum:

Was hast du über Busch erfahren?

1. Was wisst ihr über Wilhelm Busch?

- Lest den Text „Die Streiche von Erich und Wilhelm" still und allein. Klärt Begriffe, die ihr nicht versteht.
- Lest euch den Text nun gegenseitig vor.
- Nennt der nach Reihe ein Wort aus dem Wortspeicher. Die anderen Kinder müssen es im Text suchen und markieren.
- Tauscht euer Wissen über Wilhelm Busch aus.
- Stellt euch vor, ihr wärt entweder Erich oder Wilhelm.
- Erzählt aus der Sicht eines der beiden Kinder, was ihr erlebt habt, und schreibt es wie in einem Tagebucheintrag auf.

Beispiel 1:

Mein Name ist Wilhelm.
Ich habe einen Haarwirbel und kämme ihn zu einer Tolle.
Mein Freund Erich sagt, dass ich manchmal ganz schön kess bin.
Erich hat Pausbäckchen und einen Pagenschnitt.
Er ist der Sohn des wohlhabenden Müllers in unserem Dorf.
Wir beide gehen oft im Mühlenteich baden.
Heute sind wir auch in der Mühle von Erichs Vater gewesen.
Wir haben beobachtet, wie das Korn zu Mehl gemahlen wurde.
Anschließend haben wir auch noch ein paar Streiche gemacht.

Beispiel 2:

Mein Name ist Erich Bachmann.
Heute bin ich ein alter Mann und schaue gern auf mein Leben zurück.
Als Kind hatte ich Pausbäckchen und einen Pagenschnitt.
Mein Freund war Wilhelm Busch.
Er war ein kesser Junge, hatte einen Haarwirbel und kämmte ihn zu einer Tolle.
Wir beide gingen oft im Mühlenteich baden.
Wir hielten uns aber auch gerne in der Mühle auf, die meinem Vater gehörte.
Manchmal beobachteten wir, wie das Korn zu Mehl gemahlen wurde.
Manchmal machten wir aber auch alberne Streiche.
Angeregt durch diese Eindrücke in der Mühle erfand Wilhelm eine Geschichte.
Er zeichnete sie zuerst in vielen Bildern.
Sie handelte von den zwei Buben Max und Moritz in der Mühle.
Dann schrieb er die Streiche der beiden Jungen in Reimen auf.
Die Streiche von Max und Moritz waren aber viel schlimmer als die, die wir gemacht haben.

KV 4

Name: Datum:

Was hast du über Busch erfahren?

1. Was wisst ihr über Wilhelm Busch?

- Lest die Geschichte nun still und allein und so langsam, dass sie wie ein Film in eurem Kopf abläuft.
- Merkt euch ein Bild von einer Situation, die euch besonders viel bedeutet.
- Tauscht euer Wissen über Wilhelm Busch aus.

Das erste Kind der Gruppe darf nun sein Bild als **Standbild** aufbauen:

Dazu müssen sich die anderen Kinder so aufstellen, wie es das erste Kind vorgibt. Es darf Arme und Kopf so verändern, dass es seinem Bild entspricht. Nun kann es zu den Handlungsfiguren gehen, dabei mit der Hand die Person leicht berühren und aus deren Sichtweise einen Satz sprechen. Nun kann das zweite Kind ein Standbild aufbauen. So geht es immer weiter, bis alle Kinder ihr Bild als Standbild gesehen haben.

2. Lest die Aussagen und kreuzt an, ob sie falsch oder richtig sind.

	richtig	falsch
Wilhelm Busch wuchs bei seinen Eltern auf.	○	○
Er wuchs bei seinem Onkel auf.	○	○
Er konnte dort die Schule besuchen und etwas lernen.	○	○
Er hatte einen Haarwirbel und kämmte ihn zu einer Tolle.	○	○
Er hatte Pausbäckchen und einen Pagenschnitt.	○	○
Sein einziger und wahrer Freund war Erich Bachmann.	○	○
Erich war der Sohn des wohlhabenden Müllers.	○	○
Erich und Wilhelm gingen oft im Mühlenteich baden.	○	○
Sie hielten sich aber gerne in der Mühle auf.	○	○
Sie machten alberne Streiche.	○	○
Wilhelm Busch erfand die Figuren Max und Moritz.	○	○
Er schrieb ihre Streiche auf und zeichnete dazu Bilder.	○	○
Er schrieb alles so auf, wie Erich und er es erlebt hatten.	○	○
Er übertrieb maßlos und dramatisierte alles.	○	○

© Auer Verlag

11

KV 5

Name: Datum:

Wir schreiben humorvolle Reimgedichte

1. Markiert Reime.

- Lest einen Ausschnitt aus *Max und Moritz*.
- Markiert die Reime am Ende der Zeilen.
- Schaut euch an, wie sie aufgebaut sind.

Tipp:
Es gibt verschiedene Möglichkeiten zu reimen:
AA BB CC DD   oder   **AB AB CD CD EF EF**

2. Bildet selbst Reime.

- Erfindet immer zwei Wörter, die sich aufeinander reimen, nach dem Schema AA BB CC.
- Formuliert davor kurze Sätze oder Satzteile, sodass ihr schließlich ein kleines Gedicht habt.

3. Schreibt selbst Reimgedichte.

Erfindet zwei Kinder oder zwei Tiere, die gerne Streiche durchführen. Überlegt euch, was sie alles anstellen können. Sie können auch wie Menschen sprechen und sich bewegen. Achtet auf die Reime. Ihr könnt auch eines der Beispiele weiterschreiben.

Beispiel 1:

Die Affenkinder Kratz und Klum –
sie toben gerne wild herum.

Kratz hält von Rücksicht gar nicht viel
und Klum springt johlend in den Nil.

Das Krokodil ist sehr empört.
Es fühlt sich glatt im Schlaf gestört.

usw.

Beispiel 2:

Ich stehe vor der Bücherwand
voll Neugier und ich such,
was mich zum Lesen reizt und bannt
und greif nach einem Buch.

Ich schwebe mit der Hauptfigur
ganz leicht durch Zeit und Raum
und höre Klänge – Moll und Dur –
so wie in einem Traum.

usw.

4. Wir fassen alle Gedichte zusammen und illustrieren sie

Fasst alle Gedichte in eurer Klasse zusammen. Erstellt eine Reihenfolge der Texte. Malt zu den einzelnen Szenen Bilder. Heftet Texte und Bilder zusammen und gestaltet zum Schluss noch ein Deckblatt. Jetzt habt ihr euer eigenes Buch.

Matthias Claudius

Warum Matthias Claudius?
- ✓ Beispiel für einen deutschen Dichter und Journalisten
- ✓ Beispiel für einen Dichter von sehr schönen Volksliedern
- ✓ Beispiel für einen Dichter, der alle Bestrebungen der Aufklärung ablehnte
- ✓ Beispiel für einen Dichter, der die kritische Bibelforschung ablehnte und sich einen natürlichen und künstlerischen Zugang zur Bibel bewahrte

Wer war das?
Matthias Claudius war ein deutscher Dichter und Journalist. Vor allem schrieb er Liedertexte. Ein bekanntes Lied von ihm ist *Der Mond ist aufgegangen*. Matthias Claudius stammte aus einem evangelischen Pfarrhaus.
Schon seine Vorfahren waren über Generationen mit der Kirche verbunden. Auch drei seiner Söhne wurden Pfarrer und eine Tochter heiratete einen Pastor. Sein Sohn Friedrich Matthias wurde Bürgermeister von Lübeck.
Matthias Claudius verdiente wenig Geld. Deshalb ging er für ein Jahr ohne seine Familie nach Darmstadt. Doch dort fühlte er sich nicht wohl und kam bald wieder zurück. Erst als er einen Ehrensold des dänischen Kronprinzen für das Prüfen von Büchern erhielt, verbesserte sich seine finanzielle Situation.

Wann war das?
Matthias Claudius wurde 1740 in Reinfeld in Holstein geboren und starb 1815 in Hamburg. Durch seine Mutter war er mit Johannes Brahms und Theodor Storm verwandt.
Nach seiner Konfirmation besuchte er die Lateinschule in Plön. Er studierte Theologie und Rechtswissenschaften. In Kopenhagen lernte er Friedrich Gottlieb Klopstock kennen. Später arbeitete Matthias Claudius als Redakteur einer Zeitung. Johann Wolfgang von Goethe und Gotthold Ephraim Lessing schrieben für seine Zeitung Beiträge. Auch zu Johann Gottfried Herder hatte Matthias Claudius Kontakt.

Seine letzten Lebensjahre verbrachte er bei seiner ältesten Tochter und seinem Schwiegersohn Friedrich Christoph Perthes, der einen Verlag in Hamburg gegründet hatte.

Leseauftrag
Sowohl der Lesetext (**KV 1** oder **KV 2**) als auch die Textverständnisaufgaben (**KV 3** und **KV 4**) werden den Kindern zur Bearbeitung in differenzierter Form angeboten (leicht und schwer).

Kreativauftrag:
Wir dichten ein Lied

- **KV 5** auf DIN A3 & evtl. Karton kopieren
- ca. 90 Minuten

Die Kinder lesen den Liedtext *Der Mond ist aufgegangen*. Sie geben die Beschreibung des Vorgangs in der Natur vom aufgehenden Mond mit eigenen Worten wieder und setzen sich mit dem Inhalt auseinander. Sie verändern nur einige Worte im Text.
Dann schreiben sie selbst einen Liedtext zunächst nach einer bekannten Melodie eines Kinderliedes und zur Differenzierung auch mit einer eigenen Komposition.

Eine ungewöhnliche Geburtstagsfeier

Matthias Claudius verdiente nur sehr wenig Geld.
Er lebte daher sehr bescheiden.
An seinem Geburtstag zog er
5 einmal feierlich seine rote Weste an.
Dann las er in der Bibel einige Seiten.
Sein Cousin, dem das Haus
10 gehörte, gratulierte ihm.
Drei weitere Gäste malte Matthias mit Kreide auf den Holztisch.
Auf dem Boden vor dem Stuhl zeichnete er auch noch ihre Schuhe.
Er deckte den Tisch für fünf Leute.
15 Mit der Triangel gab er das Signal zum Mittagessen.
Es gab Reis, etwas Fleisch und Kuchen.
Matthias und sein Cousin redeten lebhaft mit den „Gästen".
Sie erzählten sich lustige Geschichten.
Der Verwandte öffnete die Flasche Wein, die er mitgebracht hatte.
20 Der Geburtstag wurde so für Matthias ein unvergessliches Erlebnis.

Wortspeicher

Matthias Claudius	verdiente (verdienen)	bescheiden
Geburtstag	feierlich	Verwandte
Triangel	Cousin	Mittagessen
unvergessliches (unvergesslich)	erzählten (erzählen)	zeichnete (zeichnen)
lebhaft	Erlebnis	gratulieren

KV 2   Name: Datum:

Eine ungewöhnliche Geburtstagsfeier

Matthias Claudius verdiente nur sehr wenig
Geld. Daher feierte er auch seinen Geburtstag
sehr bescheiden.
Vor Sonnenaufgang zog er einmal an seinem
5   Geburtstag feierlich seine rote Weste an.
Nun las er einige Seiten in der Bibel.
Dann wusch er sein Gesicht und deckte den
Tisch für fünf Leute.
Sein Cousin, dem das Haus gehörte, kam zu
10 ihm und begrüßte ihn.
Drei weitere Gäste malte Matthias mit Kreide
auf den Tisch. Auf dem Fußboden zeichnete er auch noch ihre Schuhe.
Zuerst frühstückte er mit seinen „Gästen".
Dann gratulierten sie ihm der Reihe nach zu seinem Geburtstag.
15 Bald darauf gab Matthias mit der Triangel das Signal zum Mittagessen.
Es gab drei Gänge. Zuerst stellte er eine Schüssel Reis auf den Tisch. Dann gab
es Butter und etwas Hühnerfleisch. Zuletzt bot er noch einen Kuchen an.
Sein Cousin öffnete die Flasche Wein, die er mitgebracht hatte. Er schenkte allen
Gästen ein Glas ein. Dann prosteten sich alle zu.
20 Matthias und sein Cousin redeten lebhaft mit den Gästen.
Jeder hatte eine lustige Geschichte zu erzählen. Manche berichteten auch
Neuigkeiten.
Es wurde viel gelacht und alle hatten ihre Freude.
Nach dem Abendessen sollte es auch noch ein Feuerwerk geben.
25 Alle Gäste gingen in einer Prozession in den Garten.
Dort wurde dann ein Petermännchen angezündet.
Nach dem Knall applaudierten alle.
Der Tag war für Matthias Claudius ein unvergessliches Erlebnis.
Wenn mir sonst fast alles fehlt, aber einen Geburtstag hatte ich! – sagte er
30 glücklich.

Wortspeicher

Matthias Claudius	Cousin	frühstückten (frühstücken)
Gäste (Gast)	Triangel	Hühnerfleisch
unvergessliches (unvergesslich)	Erlebnis	Geburtstag
Prozession	Feuerwerk	Triangel

Was hast du über Claudius erfahren?

1. Was wisst ihr über Matthias Claudius?

- Lest den Text „Eine ungewöhnliche Geburtstagsfeier" still und allein.
- Klärt Begriffe, die ihr nicht versteht.
- Lest euch den Text nun gegenseitig vor.
- Nennt der Reihe nach ein Wort aus dem Wortspeicher.
- Die anderen Kinder müssen es im Text suchen und markieren.
- Tauscht nun euer Wissen über Matthias Claudius aus.

2. Schreibt aus der Sicht von Matthias Claudius einen eigenen Tagebucheintrag.

Beispiel:

Liebes Tagebuch,

mein Geburtstag war ein großer Festtag, auch wenn ich nur wenig Geld hatte.
Morgens zog ich feierlich meine rote Weste an.
Dann las ich in der Bibel einige Seiten.
Mein Cousin kam und gratulierte mir.
Drei weitere Gäste malte ich mit Kreide auf den Holztisch.
Auf dem Boden vor dem Stuhl zeichnete ich auch noch ihre Schuhe.
Ich deckte den Tisch für fünf Leute.
Mit der Triangel gab ich das Signal zum Mittagessen.
Es gab Reis, etwas Fleisch und Kuchen.
Mein Cousin und ich redeten lebhaft mit den Gästen.
Wir erzählten uns lustige Geschichten.
Der Verwandte öffnete die Flasche Wein, die er mitgebracht hatte.
Dieses Fest war für mich ein unvergessliches Erlebnis.
Ein reicher Mann wäre an seinem Geburtstag nicht glücklicher gewesen als ich an meinem.

KV 4 Name: Datum:

Was hast du über Claudius erfahren?

1. Was wisst ihr über Matthias Claudius?

- Tauscht euer Wissen über den Dichter aus.
- Lest den Text „Die Geburtstagsfeier" still und allein. Klärt Begriffe, die ihr nicht versteht. Lest euch den Text nun gegenseitig vor.
- Sucht gemeinsam im Text die Wörter aus dem Wortspeicher und markiert sie. Stellt euch gegenseitig Fragen zum Text. Macht sinnvolle Absätze.
- Schreibt zu jedem Absatz am Rand eine Überschrift.

2. Erkennt eigene Lesekompetenzen.

Überlegt, was ihr noch mit dem Text machen könnt und stellt euch selbst eine Aufgabe. Überprüft, was ihr schon könnt und woran ihr noch arbeiten müsst.

Lesekompetenzen	Das kann ich schon gut:	Das muss ich noch weiter üben:
Ich kann mit anderen gemeinsam mein Vorwissen zu dem Dichter sammeln.		
Ich kann den Text still und allein lesen.		
Ich kann schwierige oder unbekannte Begriffe mit anderen klären.		
Ich kann eigene Fragen zu dem Text stellen und aufschreiben.		
Ich kann Fragen zum Text beantworten und dadurch überprüfen, ob ich den Inhalt des Textes verstanden habe.		
Ich kann den Text überfliegen und in Sinnabschnitte einteilen.		
Ich kann Zwischenüberschriften formulieren und am Rand notieren.		
Ich kann den Text laut vorlesen.		
Ich kann das Bedeutsame im Text markieren.		
Ich kann Schlüsselwörter im Text erkennen und markieren.		
Ich kann ein passendes Bild zum Inhalt malen.		
Ich kann eine Bildergeschichte zum Text zeichnen.		
Ich kann das Bedeutsame des Textes mit meinen eigenen Worten wiedergeben.		
Ich kann den Inhalt aus einer anderen Perspektive erzählen.		
Ich kann den Inhalt in eine andere Darstellungsform bringen.		
Ich kann meine Geschwindigkeit beim Lesen feststellen.		
Ich kann überprüfen, ob ich den Inhalt behalten habe.		
Ich kann vermuten, wie der Text weitergehen könnte.		

KV 5

Name: _____ Datum: _____

Wir dichten ein Lied

1. Singt das Lied *Der Mond ist aufgegangen* von Matthias Claudius

- Lest den Liedertext *Der Mond ist aufgegangen* von Matthias Claudius.
- Sprecht über den Inhalt und achtet auf die Beschreibung des Naturvorgangs.
- Dichtet zu dem Lied eine neue eigene Strophe.
- Singt nun das Lied.

2. Singt auch andere alte Kinderlieder.

- Sucht in Liederbüchern nach weiteren Liedern von Matthias Claudius.
- Sucht nach alten Kinder- oder Volksliedern.
- Singt die Lieder.

3. Verändert den Text eines Liedes.

- Wählt ein altes Kinderlied aus, bei dem euch die Melodie gut gefällt.
- Schaut euch die Reime der einzelnen Strophen an.
- Verändert einige Wörter oder Satzteile, sodass der Inhalt neu ist.
- Achtet darauf, dass die Silbenzahlen in den einzelnen Versen gleich sind.

4. Dichtet zu der Melodie einen ganz neuen Liedertext mit mehreren Strophen.

5. Schreibt einen eigenen Liedertext und komponiert dazu eine eigene Melodie.

6. Begleitet mit dem Orff-Instrumenten eure Lieder.

Charles Dickens

Warum Charles Dickens?
- ✓ Beispiel für einen großen Dichter der Kinder- und Jugendliteratur
- ✓ Beispiel für einen Autor, der Erlebnisse, Gedanken und Gefühle von Kindern außergewöhnlich treffend beschreiben konnte
- ✓ Beispiel für einen Dichter, der in seinen Werken gesellschaftliche Verhältnisse anprangerte

Wer war das?
Charles Dickens hatte eine schwere Kindheit. Heute ist er einer der meistgelesenen Schriftsteller der englischen Literatur.
Durch seine Werke wollte er aber nicht nur literarischen Erfolg haben. Ihm war wichtig, die Menschen wachzurütteln. Er beschrieb mit aller Schärfe die gesellschaftlichen Verhältnisse, aber immer gepaart mit Humor. So wollte er den Weg für soziale Reformen ebnen.
Wie der Roman *Robinson Crusoe* von Daniel Defoe gehörte auch der Roman *David Copperfield* von Charles Dickens zu einem neuen Genre: dem Bildungsroman. Darin wurde der Prozess der Reifung und Selbstfindung eines Kindes zum Erwachsenen in den Mittelpunkt gestellt. Charles Dickens verstand es hervorragend, diese Entwicklung zu beschreiben.
Der Autor zeigte in seinen Romanen sein überragendes Talent für die Darstellung von Erlebnissen, Stimmungen, Gefühlen und Gedanken von Kindern.

Wann war das?
Charles Dickens wurde 1812 in Portsmouth geboren und starb 1870 in Rochester. Er war ein großer englischer Schriftsteller.
David Copperfield und *Oliver Twist* gehören zu seinen berühmten Romanen. Nach Erscheinen des Romans *Oliver Twist* wurde in England zum ersten Mal das Armengesetz diskutiert und erfolgreich geändert.
Der Roman *David Copperfield* wird bis heute als einer der bedeutendsten Kindheits- und Jugendromane der Weltliteratur angesehen. Er weist starke autobiografische Züge auf.

Der Titelheld David erlebt ähnliche Situationen wie Charles Dickens in seiner Jugend.

Leseauftrag
Sowohl der Lesetext (**KV 1** oder **KV 2**) als auch die Textverständnisaufgaben (**KV 3** und **KV 4**) werden den Kindern zur Bearbeitung in differenzierter Form angeboten (leicht und schwer).

Kreativauftrag:
Wir schreiben eine Abenteuergeschichte

- **KV 5** auf DIN A3 & evtl. Karton kopieren
- ca. 90 Minuten

Die Kinder erzählen von dem Buch *Oliver Twist*. Sie sprechen darüber, wie der Dichter Charles Dickens die Situation des Jungen dargestellt hat. Sie sammeln Ideen für eine eigene Geschichte, in der ein Kind unter schwierigen Bedingungen lebt oder sogar Existenzängste hat und schließlich durch Fleiß, Ehrlichkeit und wohlwollende Unterstützer Erfolg hat.

KV 1

Name: Datum:

Schwere Kindheit

Charles Dickens musste schon als Kind
Geld verdienen.
Den Lohn behielt er aber nicht für sich.
Er musste für seine Eltern und
5 Geschwister sorgen.
Das Tragen der Säcke und Kisten in der
Fabrik war schwer.
Bald hatte er blutige Hände.
Auch der Rücken tat ihm weh.
10 Die anderen Arbeiter waren unfreundlich
zu ihm.
Immer wieder schimpften sie ihn aus.
Sie sagten, dass er noch schneller
arbeiten sollte.
15 Charles gab sich viel Mühe, die Arbeit zu erledigen.
Doch mehr konnte er nicht leisten.
Denn er war ja noch fast ein Kind.
Manchmal war er traurig.
Oft hatte er Hunger.
20 Doch es gab auch freundliche Menschen.
Diese achteten ihn, gaben ihm zu essen und schenkten ihm Kleidung.
Diese Menschen machten ihm wieder neuen Mut und gaben ihm Kraft.
Durch die Arbeit konnte Charles nicht die Schule besuchen.
Trotzdem wollte er viel lernen.
25 Das Schreiben bereitete ihm immer große Freude.
Seine Helden in den Romanen erlebten das, was er gut kannte.

Wortspeicher

Charles Dickens	**Lohn**	**Eltern**
Geschwister	**Arbeiter**	**unfreundlich**
Hunger	**Rücken**	**Fabrik**
achteten (achten)	**Helden**	**Romanen**
Arbeit	**blutige (blutig)**	**Hände**

KV 2   Name: Datum:

Schwere Kindheit

Charles Dickens musste schon in jungen Jahren
Geld verdienen.
Den Lohn behielt er aber nicht für sich.
Er sorgte für den Unterhalt seiner Eltern und
5 Geschwister.
In einer Fabrik für Schuhpolitur arbeitete er als
Hilfsarbeiter.
Er gab sich große Mühe, die Aufgaben zu
erledigen.
10 Das Tragen der Säcke und Kisten war aber schwer.
Bald hatte er dicke Schwielen an den Händen.
Häufig tat ihm der Rücken weh.
Weil er fast noch ein Kind war, musste er sich
sehr anstrengen.
15 Trotzdem waren die Arbeiter und Vorgesetzten unfreundlich zu ihm.
Sie nahmen keine Rücksicht.
Immer wieder schimpften sie ihn aus.
Sie verlangten, dass er noch schneller arbeiten sollte.
Manchmal war Charles verzweifelt.
20 Doch es gab auch freundliche Menschen.
Diese achteten ihn, gaben ihm zu essen und schenkten ihm Kleidung.
Diese Menschen machten ihm wieder neuen Mut und gaben ihm Kraft.
Während der Arbeit in der Fabrik konnte Charles nicht die Schule besuchen.
Trotzdem war er immer wissbegierig.
25 Später holte er seine Schulausbildung nach und wurde Schriftsteller.
Das Schreiben bereitete ihm schon immer große Freude.
Seine Helden in den Romanen erlebten nun das, was er selbst erleben musste.

Wortspeicher

Charles Dickens	**Unterhalt**
Eltern	**Geschwister**
Hilfsarbeiter	**Schuhpolitur**
Schwielen	**Vorgesetzten (der Vorgesetzte)**
Schulausbildung	**Rücksicht**
wissbegierig	**Schriftsteller**

KV 3

Name: Datum:

Was hast du über Dickens erfahren?

1. Was wisst ihr über Charles Dickens?

- Lest den Text „Schwere Kindheit" still und allein.
- Klärt Begriffe, die ihr nicht versteht.
- Lest euch den Text nun gegenseitig vor.
- Nennt der Reihe ein Wort aus dem Wortspeicher.
  Die anderen Kinder müssen es im Text suchen und markieren.
- Tauscht euer Wissen über Charles Dickens aus.

2. Lest die Fragen. Schreibt die Antworten auf den Block.

| Warum arbeitete Charles Dickens schon als Kind in einer Fabrik? |

| Was machte er mit seinem Lohn? |

| Wie verhielten sich die anderen Arbeiter und die Vorgesetzten ihm gegenüber? |

| Wie fühlte er sich? |

| Wodurch bekam er neue Kraft? |

| Warum konnte er nicht zur Schule gehen? |

| Was bereitete ihm schon immer große Freude? |

| Was erlebten seine Helden in den Romanen? |

Was hast du über Dickens erfahren?

1. Was wisst ihr über Charles Dickens?

- Findet euch zu zweit zusammen. Teilt den Text in zwei Teile.
- Lest euren Textteil still und allein.
- Klärt Begriffe, die ihr nicht versteht.
- Das erste Kind liest nun seinen Textteil laut vor.
- Das zweite Kind stellt Fragen, die das erste Kind aus seinem Textteil heraus beantworten kann.
- Das erste Kind fasst das Bedeutsame seines Textteils mit eigenen Worten zusammen. Dann vermutet es, wie der Text weitergehen könnte.
- Nun liest das zweite Kind seinen Textteil laut vor.
- Das erste Kind stellt Fragen, die das zweite Kind beantworten kann.
- Das zweite Kind fasst das Bedeutsame seines Textteils zusammen.
- Tauscht euer Wissen über Charles Dickens aus.

2. Perspektivwechsel: Schreibt einen Text aus der Sicht von Charles Dickens

Bastelt den Schriftsteller als Stabpuppe und lasst ihn dann selbst erzählen.

Beispiel:

Ich musste schon in jungen Jahren Geld verdienen.
Den Lohn behielt ich aber nicht für mich.
Ich sorgte für den Unterhalt meiner Eltern und Geschwister.
In einer Fabrik für Schuhpolitur arbeitete ich als Hilfsarbeiter.
Ich gab mir große Mühe, die Aufgaben zu erledigen.
Das Tragen der Säcke und Kisten war aber schwer.
Häufig tat mir der Rücken weh.
Weil ich fast noch ein Kind war, musste ich mich sehr anstrengen.
Trotzdem waren die Arbeiter und Vorgesetzten unfreundlich zu mir.
Sie nahmen keine Rücksicht.
Immer wieder schimpften sie mich aus.
Sie verlangten, dass ich noch schneller arbeiten sollte.
Manchmal war ich verzweifelt.
Doch es gab auch freundliche Menschen.
Diese achteten mich, gaben mir zu essen und schenkten mir Kleidung.
Diese Menschen machten mir wieder neuen Mut und gaben mir Kraft.
Während der Arbeit in der Fabrik konnte ich nicht die Schule besuchen.
Trotzdem war ich immer wissbegierig.
Das Schreiben bereitete mir immer große Freude. Später wurde ich Schriftsteller.
Meine Helden in den Romanen erleben nun das, was ich kennenlernen musste.

KV 5

Name: Datum:

Wir schreiben eine Abenteuergeschichte

1. Sammelt Ideen für eine Abenteuergeschichte.

Sammelt in einer Gedankensonne Ideen für eine Abenteuergeschichte, in der ein Kind zunächst in schwierigen Verhältnissen lebt und später durch Fleiß, Ehrlichkeit und freundliche und wohlwollende Mitmenschen eine gute Ausbildung bekommt, einen interessanten Beruf ausübt und Erfolg hat.

2. Schreibt selbst eine Abenteuergeschichte.

Nutze Wörter in der Gedankensonne.

3. Schreibt gemeinsam ein Abenteuerbuch.

Beginne mit einer Geschichte. Schreibe eine Seite. Dann schreibt das nächste Kind weiter. So geht es immer weiter, bis die Geschichte zu Ende ist.
Legt eine Reihenfolge der Schreiber fest. Legt auch fest, wer noch über die schwere Zeit des Kindes schreiben soll und wer schon mit der erfolgreichen Ausbildung und den Berufswünschen der Hauptfigur schreiben kann. Plant vorher gemeinsam den Verlauf der Geschichte. Innerhalb seiner Grenzen darf jeder Schreiber aber seine eigenen Ideen formulieren.

Tipps: Geschichtenanfänge

Es klingelte an der Haustür. Als ich sie öffnete, stand Oliver Twist vor mir und sagte: „Kannst du sofort mitkommen? Wir brauchen dich." (...)	Meine Freunde hatten es wie immer übertrieben. Als sie mir zum Geburtstag gratulierten, brachten sie auch gleich David Copperfield mit. ...
Als ich im Urlaub durch die Dünen wanderte, kamen mir plötzlich sieben Zwerge entgegen und riefen laut um Hilfe. ...	Meine Oma ist immer die Retterin in höchster Not. Neulich musste ich sie anrufen und ihr sagen, dass ...
Als ich mein Märchenbuch aufschlug, schaute mich Schneewittchen an und begann auf einmal zu sprechen	Ich lag im Bett und las in meinem Lieblingsbuch. Da hörte ich auf einmal eine Stimme ...
Das waren mal wieder Sommerferien, wie ich sie liebe. Schon beim Kofferpacken begann die Aufregung, als	Nur keine Schwäche zeigen, dachte ich und tat so, als ob ich ...
Schon seit einigen Wochen habe auf dem Schulhof ein Kind gesehen, das mich faszinierte, weil es... Heute werde ich es ansprechen ...	Wenn ich beim Schreiben nicht weiterkomme, hilft mir immer ein unsichtbarer Zwerg. Neulich saß ich wieder einmal vor meinem leeren Blatt. Da...

Julia Donaldson

Warum Julia Donaldson?
- ✓ Beispiel für eine erfolgreiche Kinderbuchautorin
- ✓ Beispiel für eine Autorin für fantasievolle Bilderbücher
- ✓ Beispiel für Geschichten, in denen kleine Wesen durch Mut und Fantasie ihre Widersacher überlisten oder in denen die kleinen Wesen die großen Freunde retten können

Wer ist das?
Julia Donaldson dachte sich schon als Kind fantasievolle Figuren, Geschichten und Rollenspiele aus. Gemeinsam mit ihrer Schwester veranstaltete sie Theateraufführungen.
Später schrieb sie Lieder, Gedichte und Geschichten für Kinder. In ihren fantastischen oder märchenhaften Geschichten erzählt sie meist von Begegnungen zwischen kleinen und großen Wesen und wie daraus Abenteuer entstehen, die durch Mut und Fantasie der kleinen Helden einen spannenden Verlauf nehmen, einen guten Ausgang finden oder wie Freundschaften zwischen gegensätzlichen Wesen entstehen und sich bewähren.
Die Autorin formuliert oft in Reimen, die sehr eingängig sind und spielt auch gerne mit Wörtern. Ihre Prosatexte sind in einer leichten, lustigen und poetischen Sprache geschrieben.

Wann ist das?
Julia Donaldson wurde 1948 in London geboren. Sie lebt mit mehreren Generationen in einem Haus. Der Zeichner Axel Scheffler illustrierte viele ihrer Texte.
Insgesamt hat Donaldson 15 Bilderbücher und mehrere Romane geschrieben. Das Bilderbuch vom *Grüffelo* wurde in 30 Sprachen übersetzt und ist auch in Deutschland bei Kindern sehr beliebt.
Sie wurde eine der bekanntesten Kinderbuchautorinnen. In Großbritannien steht sie in der Erfolgsliste gleich hinter J. K. Rowling, Jamie Oliver und James Patterson.

Leseauftrag
Sowohl der Lesetext (**KV 1** oder **KV 2**) als auch die Textverständnisaufgaben (**KV 3** und **KV 4**) werden den Kindern zur Bearbeitung in differenzierter Form angeboten (leicht und schwer).

Kreativauftrag:
Wir erstellen ein eigenes Bilderbuch

- **KV 5** auf DIN A3 & evtl. Karton kopieren
- Wasserbehälter
- unterschiedliche Gegenstände

ca. 90 Minuten

Die Kinder lesen zunächst das Bilderbuch vom *Grüffelo* und sprechen gemeinsam darüber. Dann erfinden sie selbst schreckliche Ungeheuer oder grauenhafte Monster und malen diese. Nun entwickeln sie gemeinsam eine Geschichte, in der ein Ungeheuer vorkommt.
Nun teilen sie sich die Arbeit auf. Einige Kinder schreiben Teile der Geschichte. Andere malen die entsprechenden Bilder dazu.
Zum Schluss heften sie die Texte und die Bilder zu einem eigenen Bilderbuch zusammen.

KV 1

Name: Datum:

Lauter Ungeheuer

Julia Donaldson hatte schon als Kind viel Fantasie.
Sie dachte sich die unterschiedlichsten Gestalten aus.
Viele hatten ein dickes Fell und einen langen Schwanz.
Manche hatten gebogene Hörner am Kopf.
5 Andere hatten eine dicke schuppige Haut.
Fast alle sahen wie Ungeheuer aus.
Doch sie waren nicht besonders schlau.
Julia Donaldson erfand auch kleine kluge und mutige Wesen.
Diese überlisteten manchmal die Ungeheuer.
10 Da halfen die kleinen Wesen auch den großen Gestalten.
Dann wurden sie gute Freunde.

Wortspeicher

Julia Donaldson	Fantasie	Wesen
Gestalten	unterschiedlichsten (unterschiedlich)	Figuren
gebogene (gebogen)	Hörner	Freunde
schuppige (schuppig)	Haut	
überlisteten (überlisten)	Ungeheuer	

KV 2   Name: Datum:

Lauter Ungeheuer

Julia Donaldson hatte schon als Kind viel Fantasie.
Sie dachte sich die unterschiedlichsten Gestalten aus.
5 Viele hatten ein dickes Fell und einen langen Schwanz.
Manche hatten gebogene Hörner am Kopf.
Einige hatten knotige Knie oder
10 feurige Augen.
Andere hatten eine dicke schuppige Haut.
Fast alle sahen wie Ungeheuer aus.
Doch sie waren nicht besonders schlau.
Julia Donaldson erfand auch kleine kluge und mutige Wesen.
15 Diese überlisteten manchmal sogar die schaurigen Ungeheuer.
Manchmal halfen die kleinen Wesen auch den großen Gestalten.
Dann wurden sie gute Freunde.
Julia Donaldson schrieb Geschichten, in denen diese Figuren vorkamen.
20 Diese erzählte sie Kindern.
Der Zeichner Alex Scheffler saß eines Tages dabei und hörte zu.
Er war begeistert von den Geschichten.
Sofort fragte er die Autorin, ob er die seltsamen Gestalten malen dürfte.
Er bekam den Auftrag, die Geschichten zu illustrieren.
So entstanden viele Bilderbücher von Julia Donaldson.

Wortspeicher

Julia Donaldson	Alex Scheffler	gebogene Hörner
knotige Knie	feurige Augen	schuppige Haut
Gestalten	illustrieren	Ungeheuer

KV 3

Name: Datum:

Was hast du über Donaldson erfahren?

1. Was wisst ihr über Julia Donaldson?

- Lest den Text „Lauter Ungeheuer" still und allein.
- Klärt Begriffe, die ihr nicht versteht.
- Lest euch den Text nun gegenseitig vor.
- Nennt der Reihe ein Wort aus dem Wortspeicher. Die anderen Kinder müssen es im Text suchen und markieren.
- Tauscht euer Wissen über Julia Donaldson aus.

2. Überprüfe deine Lesegeschwindigkeit.

Bitte deinen Partner, die Lesezeit mit einer Stoppuhr zu messen. Lies dann noch mehrmals den Text und prüfe, ob sich deine Zeit verbessert hat. Trage die Ergebnisse ein.

Minuten

	1. Lesen	2. Lesen	3. Lesen	4. Lesen	5. Lesen
9					
8					
7					
6					
5					
4					
3					
2					
1					
0					

KV 4

Name: Datum:

Was hast du über Donaldson erfahren?

1. Was wisst ihr über Julia Donaldson?

- Lest den Text „Lauter Ungeheuer" still und allein.
- Klärt Begriffe, die ihr nicht versteht.
- Lest euch den Text nun gegenseitig vor.
- Sucht gemeinsam im Text die Wörter aus dem Wortspeicher heraus und markiert sie.
- Tauscht euer Wissen über Julia Donaldson aus.

2. Erstellt ein Wörternetz.

Nehmt einen großen Bogen Papier. Legt euch einen Notizblock mit Zetteln zurecht. Schreibt auf einen Zettel den Namen „Julia Donaldson" und klebt ihn oben auf den Bogen Papier. Schreibt nun bedeutende Stichwörter oder Informationen aus dem Lesetext auf. Wenn ihr noch weitere Informationen habt, dürft ihr diese auch verwenden. Nehmt für jedes Stichwort einen Zettel. Legt eure Zettel auf den Bogen Papier und ordnet sie. Sortiert die Zettel, die doppelt sind, aus. Wenn ihr mit der Anordnung zufrieden seid, dann klebt die Zettel auf und verbindet die Wörter, die zusammengehören, mit Linien oder Pfeilen. Ihr könnt an die Linien oder Pfeile noch passende Stichwörter schreiben.

Beispiel:
So oder ähnlich kann euer Wörternetz aussehen.

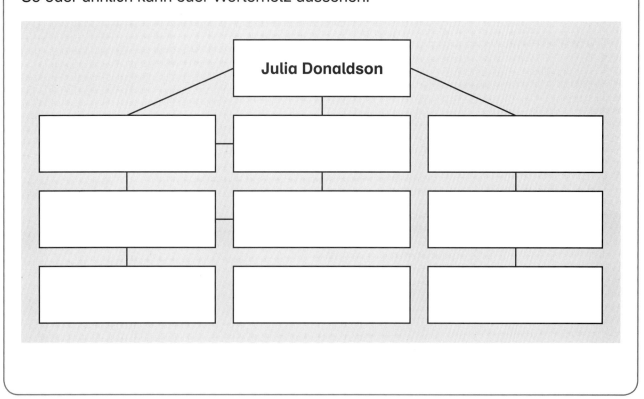

KV 5

Name: Datum:

Wir erstellen ein eigenes Bilderbuch

1. **Lest das Bilderbuch vom *Grüffelo*.
   Sprecht darüber.**

   - Malt schreckliche Ungeheuer oder grauenhafte Monster.
   - Macht eine Ausstellung mit den Bildern.

2. **Entwickelt selbst eine Geschichte.**

   - Sammelt Ideen für eine Geschichte, in der ein Ungeheuer vorkommt.
   - Überlegt euch eine Handlung.
   - Teilt euch nun die Arbeiten auf:
     Einige Kinder schreiben die Handlung auf.
     Andere Kinder malen passend dazu die Bilder. Ein Kind gestaltet ein Deckblatt.

4. **Gestaltet ein eigenes Bilderbuch.**

   - Legt nun die Texte und Bilder in die richtige Reihenfolge.
   - Heftet sie zu einem eigenen Bilderbuch zusammen.
   - Fasst die Seiten mit einer Spiralbindung oder mit einem Tacker zusammen.

5. **Führt eine Lesung durch.**

   - Plant und organisiert eine Lesung aus eurem Bilderbuch.
   - Ladet die Erstklässler ein oder besucht sie in ihrer Klasse.

   Tipps:
   Übt das Lesen. Sprecht sehr deutlich.
   Zeigt bei jeder Seite zuerst das Bild und lest dann den Text.

Johann Wolfgang von Goethe

Warum Johann Wolfgang von Goethe?
- ✓ Beispiel für den bedeutendsten Dichter der Weimarer Klassik
- ✓ Beispiel für Literatur, die heute zur Allgemeinbildung gehört
- ✓ Beispiel für anspruchsvolle deutsche Lyrik
- ✓ Beispiel für einen Dichter, der unterschiedliche Gedichtformen nutzte

Wer war das?
Johann Wolfgang von Goethe war ein deutscher Dichter und Naturforscher. Er stammte aus einer angesehenen Familie ab und bekam gemeinsam mit seiner Schwester Cornelia Unterricht von Hauslehrern. Später studierte er Jura.
Großes Interesse hatte er aber an der Dichtkunst. Er setzte verschiedene Gedichtformen ein. Mit seinem Drama *Götz von Berlichingen* hatte er schon in jungen Jahren Erfolg und wurde in der literarischen Welt beachtet. Einige seiner lyrischen Texte wurden von dem Musiker Robert Schumann vertont.
Johann Wolfgang von Goethe schuf berühmte Gedichte wie: *Der Erlkönig, Das Heideröslein* oder *Reineke Fuchs* und große Werke wie *Die Leiden des jungen Werther, Egmont, Tasso, Faust* sowie *Hermann und Dorothea*. Als Leiter des Nationaltheaters in Weimar hatte er viele Möglichkeiten, seine eigenen Werke auf die Bühne zu bringen. Bis heute zählen die Dramen, Gedichte und Romane von Johann Wolfgang von Goethe zur Weltliteratur. In einer Schaffenskrise verließ Johann Wolfgang von Goethe seine Heimat und lebte zwei Jahre in Italien. Das Tagebuch von seiner Reise ist heute ein bedeutsames Zeitdokument.

Wann war das?
Johann Wolfgang von Goethe wurde 1784 in Frankfurt am Main geboren und starb 1832 in Weimar. Er arbeitete die meisten Jahre für den Herzog Karl August in Weimar. Den Freiheits- und Brüderlichkeitsidealen der französischen Revolution stand er widersprüchlich gegenüber. Die meisten Intellektuellen dieser Zeit wie Wieland, Herder, Hölderlin, Hegel, Forster und Beethoven begeisterten sich für die Verkündigung der Menschenrechte, die damit einhergingen.
Nachdem Goethe 1807 die Aufsicht über die Universität übertragen worden war, setzte er sich für den Ausbau der naturwissenschaftlichen Fakultät ein. Er hatte einen wesentlichen Einfluss auf die Berufung namhafter Professoren wie Johann Gottlieb Fichte, Georg Wilhelm Friedrich Hegel, Friedrich Wilhelm Joseph Schelling und Friedrich Schiller. Gemeinsam mit Friedrich Schiller verkörperte er die Weimarer Klassik. Die beiden Dichter waren in ihrem schriftstellerischen Ausdruck sehr unterschiedlich und lehnten die Dichtkunst des anderen zunächst rigoros ab. Doch nach einiger Zeit entwickelte sich ein intensiver kollegialer Austausch, der in gegenseitiger Achtung für die Arbeit des anderen mündete. Schließlich nahmen sie sogar sehr engagiert Anteil an den Werken des anderen, sowohl praktisch als auch theoretisch.

Leseauftrag
Sowohl der Lesetext (**KV 1** oder **KV 2**) als auch die Textverständnisaufgaben (**KV 3** und **KV 4**) werden den Kindern zur Bearbeitung in differenzierter Form angeboten (leicht und schwer).

Kreativauftrag: Wir schreiben ein eigenes Buch mit Gedichten

- **KV 5** auf DIN A3 & evtl. Karton kopieren
- ca. 90 Minuten

Die Kinder erproben verschiedene Gedichtformen. Sie schreiben eigene Gedichte und stellen sie zu einem Gedichte-Buch zusammen. Sie führen Lesungen in der Schule durch und stellen ihre eigenen Gedichte einem Publikum vor.

KV 1

Name:　　　　　　　　　　Datum:

Die Geschichte der Salzburgerin

Johann Wolfgang von Goethe liest regelmäßig die Zeitung.
Da fällt sein Blick auf eine Meldung.
In der heutigen Ausgabe wird an ein
5　Ereignis erinnert.
Dort steht, dass eine junge Salzburgerin nach Bayern kommt.
Sie ist mit anderen Flüchtlingen unterwegs, die hier versorgt werden.
10　Das Ziel ist Preußen.
Der Sohn eines reichen Bürgers verliebt sich in das junge Mädchen.
Doch der strenge Vater ist gegen die Verbindung.
Er beauftragt den Pfarrer und den Apotheker, die Fremde auszuforschen.
15　Alles, was sie hören, spricht für ein fleißiges und hilfsbereites Mädchen.
Der junge Mann möchte dieses Mädchen zur Frau nehmen.
Sonst wird er gar nicht heiraten.
Die Eltern geben ihr Einverständnis zur Hochzeit.
So heiratet der junge Mann schließlich die Salzburgerin.
20　Johann Wolfgang von Goethe ist von diesem Schicksal sehr berührt.
Er nutzt den Bericht für ein Theaterstück.
Doch er verändert vieles.
Die Handlung spielt an einem anderen Ort.
Die Hauptfiguren bekommen neue Namen.
25　Sie heißen nun Hermann und Dorothea.

Wortspeicher

Johann Wolfgang von Goethe		**Meldung**
Zeitung	**Ereignis**	**Bayern**
Preußen	**Flüchtlinge**	**Verbindung**
Pfarrer	**Apotheker**	**Schicksal**
Salzburgerin (Salzburg)	**Theaterstück**	**Hermann und Dorothea**

Name: Datum:

Die Geschichte der Salzburgerin

Johann Wolfgang von Goethe liest regelmäßig die Zeitung.
Da fällt sein Blick auf ein Ereignis aus dem Jahr 1732, an das erinnert wird.
5 Damals ist eine junge Salzburgerin nach Nürnberg gekommen. Sie musste ihre Heimat verlassen, weil sie dem Glauben von Martin Luther angehörte.
Nun ist sie mit anderen Flüchtlingen unterwegs
10 und möchte nach Preußen.
König Friedrich Wilhelm I. hat dort den Lutheranern Land und Unterkunft versprochen.
Der Sohn eines angesehenen Bürgers verliebt sich sofort in das junge Mädchen.
Doch der strenge Vater ist gegen die Verbindung.
15 Er beauftragt einen Pfarrer und einen Apotheker, die Fremde auszuforschen.
Alles, was sie finden, spricht für ein fleißiges, gütiges und hilfsbereites Mädchen.
Der junge Mann teilt seinen Eltern mit, dass dieses Mädchen seine große Liebe sei.
Wenn er in Zukunft nicht mit ihr zusammenleben darf, will er Junggeselle bleiben und nie mehr heiraten.
20 Die Eltern geben schließlich ihr Einverständnis zur Hochzeit.
So heiratet der junge Mann die Salzburgerin und wird glücklich mit ihr.
Die anderen Flüchtlinge aus Salzburg sind mittlerweile nach Ostpreußen gezogen. Der König hat sein Versprechen eingehalten.
Er hat den Menschen eine neue Heimat gegeben.
25 Johann Wolfgang von Goethe ist von dem Schicksal des Mädchens berührt.
Er nutzt diesen Bericht für ein Theaterstück.
Doch er verändert vieles.
Die Handlung spielt an einem anderen Ort.
Die Hauptfiguren bekommen neue Namen.
30 Sie heißen nun Hermann und Dorothea.

Wortspeicher

Johann Wolfgang von Goethe	**Ereignis**
Bayern	**Preußen**
Flüchtlinge	**Apotheker**
Pfarrer	**Salzburgerin**
Schicksal	**Hermann und Dorothea**

KV 3

Name: Datum:

Was hast du über Goethe erfahren?

1. Was wisst ihr über Johann Wolfgang von Goethe?

- Lest den Text „Die Geschichte der Salzburgerin" still und allein.
- Klärt Begriffe, die ihr nicht versteht.
- Lest euch den Text nun gegenseitig vor.
- Sucht gemeinsam im Text die Wörter aus dem Wortspeicher und markiert sie.
- Tauscht euer Wissen über Goethe aus.

2. Schreib einen Bericht und erfindet ein Rollenspiel.

- Wie lautet der Bericht, den Goethe liest? Schreibt den Text auf.
- Spielt die Situation nach, in der Johann Wolfgang von Goethe den Bericht in der Zeitung liest und daraufhin die Idee für ein Theaterstück hat.

Beispiel für einen Bericht:

Eine junge Salzburgerin kommt nach Bayern.
Sie ist mit anderen Flüchtlingen unterwegs, die hier versorgt werden.
Das Ziel ist Preußen.
Der Sohn eines reichen Bürgers verliebt sich in das junge Mädchen.
Doch der strenge Vater ist gegen die Verbindung.
Er beauftragt den Pfarrer und den Apotheker, die Fremde auszuforschen.
Alles, was sie hören, spricht für ein fleißiges und hilfsbereites Mädchen.
Der junge Mann möchte dieses Mädchen zur Frau nehmen.
Sonst will er nicht mehr heiraten.
Die Eltern geben ihr Einverständnis zur Hochzeit.
So heiratet der junge Mann schließlich die Salzburgerin.

KV 4

Name: Datum:

Was hast du über Goethe erfahren?

1. Was wisst ihr über Johann Wolfgang von Goethe?

Tauscht euch darüber aus. Findet euch zu viert zusammen. Überfliegt den Text „Die Geschichte der Salzburgerin" und teilt ihn in vier Teile. Lest euren Textteil still und allein. Klärt Begriffe, die ihr nicht versteht. Teilt den Text in zwei Teile. Das erste Kind liest nun seinen Textteil laut vor.
Die anderen stellen Fragen, die das erste Kind aus seinem Textteil heraus beantworten kann. Das erste Kind fasst das Bedeutsame seines Textteils mit eigenen Worten zusammen.
Dann vermutet es, wie der Text weitergehen könnte.
Nun liest das nächste Kind seinen Textteil laut vor. Die anderen stellen Fragen, die das zweite Kind aus seinem Textteil heraus beantworten kann.
Das zweite Kind fasst das Bedeutsame seines Textteils mit eigenen Worten zusammen. So geht es weiter, bis alle Kinder ihren Textteil vorgelesen haben.

2. Wählt unten ein Lernangebot aus und bearbeitet dieses.

a) Fertigt ein Lernplakat an, auf dem ihr die bedeutenden Informationen aus dem Text darstellt.
b) Spielt ein Interview nach, in dem ein Reporter den Dichter Johann Wolfgang von Goethe befragt, wie er auf die Idee zu seinem Theaterstück „Hermann und Dorothea" gekommen ist.
c) Schreibt einen Zeitungsbericht für eure Schülerzeitung, in dem ihr davon berichtet, dass Goethe eine tatsächliche Begebenheit aufgegriffen und daraus ein Theaterstück geschrieben hat.
d) Erstellt ein Rollenspiel, in dem ihr den Inhalt des Textes zum Ausdruck bringt.
e) Erstellt einen Comic, in dem ihr den Inhalt des Textes zum Ausdruck bringt.

KV 5

Name: Datum:

Wir schreiben ein eigenes Buch mit Gedichten

1. Sammelt Ideen für Gedichte.

Tragt Informationen in einer Gedankensonne oder in einem Cluster zusammen. Worüber möchtet ihr schreiben? Was möchtet ihr zum Ausdruck bringen?

2. Schreibt Gedichte.

Ihr könnt Reimgedichte bilden. Ihr könnt aber auch andere Gedichtformen erproben. Diese Gedichte haben keine Reime. Sie zeichnen sich durch eine verdichtete Sprache aus. Verwendet dabei die Wörter aus der Gedankensonne.

Senryû
Beschreibe Eigenarten oder Besonderheiten einer Person in drei Zeilen.
In der ersten Zeile muss dein Satz fünf Silben haben.
In der zweiten Zeile muss dein Satz sieben Silben haben.
In der dritten Zeile muss deine Aussage wiederum aus fünf Silben bestehen.
Setze eine Überschrift darüber.

Seven poetry
Ziehe sieben Linien auf einem Blatt.
Setze einen Begriff jeweils in die erste, vierte und sechste Zeile.
Schreibe in die zweite Zeile kurz, was du unbedingt darüber sagen möchtest.
Schreibe in die dritte Zeile kurz eine wichtige Begebenheit dazu auf.
Schreibe in die fünfte Zeile dein Gefühl dazu auf.
Schreibe in die siebte Zeile einen Wunsch dazu auf.

Elfchen
Ziehe auf einem Blatt fünf Linien.
Dein Gedicht wird insgesamt elf Wörter haben.
Denke dir einen Gegenstand oder einen Begriff aus, worüber du schreiben möchtest.
Schreibe in die erste Zeile **ein** Adjektiv, das zu deinem Gegenstand passt.
Schreibe in die zweite Zeile ein Nomen mit dem passenden Artikel.
Beschreibe in der dritten Zeile in **drei** Wörtern, wie der Gegenstand ist.
Schreibe in der vierten Zeile in **vier** Wörtern auf, wie du darüber denkst.
Drücke in der fünften Zeile **in einem Wort** dein Gefühl darüber aus.

Josef Guggenmos

Warum Josef Guggenmos?
✓ Beispiel für einen erfolgreichen deutschen Kinderbuchautor
✓ Beispiel für einen Autor, der Lyrik für Kinder geschrieben hat
✓ Beispiel für einen Autor, der verschiedene Gedichtformen für Kinder entdeckt und insbesondere das Haiku, eine alte japanische Gedichtform, in Deutschland bekannt gemacht hat

Wer war das?
Josef Guggenmos war ein deutscher Lyriker und Kinderbuchautor. *„Was denkt die Maus am Donnerstag?"* ist ein bekanntes Buch von ihm. Guggenmos führte viele Lesungen in Schulen durch. Von Kindern und Erwachsenen wird er gleichermaßen wegen seiner klaren, tiefgründigen Sprache geschätzt. Er spielte hervorragend mit Sprache. In den letzten Lebensjahren beschäftigte er sich intensiv mit dem Haiku, einer Gedichtform aus Japan. Einige Schulen sind heute nach ihm benannt. In Rheinland-Pfalz gibt es einen Schreibwettbewerb für alle vierten Klassen, der auch nach ihm benannt wurde.

Wann war das?
Josef Guggenmos wurde 1922 in Irsee in Schwaben geboren und starb 2003 auch dort. Als Schüler, der kurz vor dem Abitur stand, wurde er zum Kriegsdienst einberufen und war nach der Kapitulation einige Wochen in englischer Kriegsgefangenschaft. Nachdem er sich mit seiner Frau wieder in seiner Geburtsstadt niederließ, arbeitete er als freier Schriftsteller. Im Jahr 2002, ein Jahr vor seinem Tod, wurde er zum Ehrenbürger seiner Heimatstadt ernannt.

Leseauftrag
Sowohl der Lesetext (**KV 1** oder **KV 2**) als auch die Textverständnisaufgaben (**KV 3** und **KV 4**) werden den Kindern zur Bearbeitung in differenzierter Form angeboten (leicht und schwer).

Kreativauftrag: Wir schreiben Haikus

- **KV 5** auf DIN A3 & evtl. Karton kopieren
- ca. 90 Minuten

Die Kinder erproben die Gedichtform Haiku und bringen auf diese Weise Naturbeschreibungen zum Ausdruck. Sie schreiben nach dem vorgegebenen Muster mehrere Gedichte und illustrieren sie. Zum Schluss sammeln sie ihre Werke in einem eigenen Buch oder hängen diese im Klassenzimmer auf. Sie führen in der Schule Lesungen ihrer eigenen Gedichte durch und laden dazu Gäste ein.

Ein neuer Ehrenbürger von Irsee

Josef Guggenmos war ein bekannter Autor von Kinderbüchern.
An seinem 80. Geburtstag
5 erlebte er eine Überraschung. Er wurde zum Ehrenbürger seiner Stadt Irsee ernannt. Der Bürgermeister überreichte ihm feierlich die
10 Urkunde.
Dann sagte er: „Sie sind hier geboren und aufgewachsen. Auch nach dem Krieg sind Sie wieder in Ihre Heimat
15 zurückgekommen. Hier haben Sie Ihre Familie gegründet. Sie verstehen es, die Kinder mit Ihren Gedichten zu begeistern. Wir danken Ihnen dafür."
Josef Guggenmos freute sich sehr über diese Ehrung.
„Mit meinen Gedichten möchte ich die Kinder fröhlicher machen",
20 sagte er.
Dann bedankte er sich herzlich.

Wortspeicher

Josef Guggenmos	**Kinderbuchautor**
Geburtstag	**Anlass**
Ehrenbürger	**Bürgermeister**
Irsee	**Ehrung**
lebendiger (lebendig)	**furchtloser (furchtlos)**
fröhlicher (fröhlich)	**Heimatstadt**

Ein neuer Ehrenbürger von Irsee

Josef Guggenmos war ein bekannter Kinderbuchautor. An seinen 80. Geburtstag wartete eine besondere Überraschung auf ihn.
Er wurde in seiner Heimatstadt Irsee zum Ehrenbürger ernannt. Der Bürgermeister überreichte ihm feierlich die Urkunde und sagte: „Sie sind hier geboren und aufgewachsen.
Auch nach dem Krieg sind Sie wieder in Ihre Heimat zurückgekommen.
Hier haben Sie Ihre Familie gegründet.
Sie verstehen es, mit Ihren Gedichten die Kinder zu begeistern.
Wir danken Ihnen dafür."
Josef Guggenmos freute sich sehr über diese Ehrung.
„Mit meinen Gedichten möchte ich die Kinder wacher, lebendiger, furchtloser und fröhlicher machen", sagte er anschließend und bedankte sich herzlich.
Ihm lag besonders am Herzen, Kinder für Lyrik zu interessieren.
Ein bekanntes Kinderbuch von ihm ist „Was denkt die Maus am Donnerstag?".

Wortspeicher

Josef Guggenmos	**Kinderbuchautor**
Irsee	**Ehrenbürger**
Bürgermeister	**Literatur**
Töchter	**Lesungen**
lebendiger	**furchtloser (furchtlos)**
Zweiter Weltkrieg	**Heimat**
Lyrik	

KV 3

Name: Datum:

Was hast du über Guggenmos erfahren?

1. Was wisst ihr über Josef Guggenmos?

- Lest den Text „Ein neuer Ehrenbürger von Irsee" still und allein.
- Klärt Begriffe, die ihr nicht versteht.
- Lest euch den Text nun gegenseitig vor.
- Sucht gemeinsam im Text die Wörter aus dem Wortspeicher heraus und markiert sie.
- Tauscht euer Wissen über Josef Guggenmos aus.

2. Spielt die feierliche Ehrung nach.

- Legt fest, wer die Rolle des Bürgermeisters und die Rolle des Dichters Josef Guggenmos übernimmt. Die beiden bereiten einen kleinen Text für ihre Rede vor. Die anderen sind die Zuhörer und Gäste.
- Verteilt eine weitere Rolle. Ein Kind spielt den Reporter für die Schwabenzeitung und interviewt nach der Feier Josef Guggenmos.

3. Malt Bilder

- Schließt die Augen und stellt euch die Geschichte wie einen Film vor. Stoppt an einer Stelle, die euch gefällt. Malt dieses Bild.
- Malt mehrere Bilder, die den Inhalt der Geschichte wiedergeben. Legt die Bilder in die richtige Reihenfolge.

Was hast du über Guggenmos erfahren?

1. Was wisst ihr über Josef Guggenmos?

- Lest den Text „Ein neuer Ehrenbürger von Irsee" still und allein.
- Klärt Begriffe, die ihr nicht versteht. Lest euch den Text nun gegenseitig vor.
- Sucht gemeinsam im Text die Wörter aus dem Wortspeicher heraus und markiert sie.
- Tauscht euer Wissen über Josef Guggenmos aus.

2. Formuliert den Text aus der Sicht von Josef Guggenmos, wie er sich an seinen 80. Geburtstag und vor allem an diese Ehrung erinnert und seinen Enkeln davon erzählt.

> **Beispiel für eine Erzählung aus der Perspektive des Dichters:**
>
> *Mein 80. Geburtstag war ein besonderer Tag.*
> *Der Bürgermeister von Irsee ernannte mich zum Ehrenbürger.*
> *Dann gab er mir eine Urkunde.*
> *Er hob in seiner Rede hervor, dass ich hier geboren wurde, aufwuchs und nach dem Krieg wieder nach Irsee zurückkehrte und dass auch meine Frau und meine Töchter hier ihre Heimat haben.*
> *Dann lobte er meine Gedichte, die Kinder gerne lesen würden.*
> *Über die Ehrung und die freundlichen Worte freute ich mich sehr.*
> *Ich bedankte mich und sagte, dass ich mit meiner Literatur vielleicht helfen kann, die Kinder wacher, lebendiger, furchtloser und fröhlicher zu machen.*
> *Der Tag war ein beeindruckendes Erlebnis für mich, denn eine solche Ehrung bekommt man nicht alle Tage.*

3. Führt ein Interview.

- Findet euch zu zweit zusammen. Ein Kind spielt Josef Guggenmos und das andere Kind spielt einen Enkel des Dichters. Der Enkel stellt Josef Guggenmus in einem Interview mehrere Fragen zu dem Ereignis und der Dichter antwortet darauf.

KV 5 Name: Datum:

Wir schreiben Haikus

1. Lest, was Haikus sind.

Josef Guggenmos beschäftigte sich mit Haikus und schrieb selbst viele davon.
Er gab ein Buch mit selbst geschriebenen Haikus heraus.
Lest die Information über das Haiku.

Das **Haiku** ist eine Gedichtform aus Japan und hat dort eine lange Tradition.
Es hat drei Zeilen und ist die kürzeste aller lyrischen Formen.
Seine Wurzeln reichen bis zu den Anfängen der japanischen Poesie zurück.
Der Japaner Matsuo Bashô (1644–1694) hat das Haiku im 17. Jahrhundert geprägt.
Das Haiku bezieht sich auf etwas in der Natur und bettet dieses in ein Geschehen ein.
Die drei Verse haben insgesamt 17 Silben.

Die erste Zeile besteht aus fünf Silben,
die zweite Zeile aus sieben Silben und
die dritte Zeile wiederum aus fünf Silben, die das Geschehen verallgemeinert.

Das Haiku hat keine Endreime.

2. Schreibt selbst Haikus.

Lies die Anleitung und schreibe einen Text.

Beobachte einen Vorgang in der Natur.
Schreibe das, was du gesehen, gehört, gerochen oder gespürt hast, in drei Zeilen auf.
In der ersten Zeile muss dein Satz fünf Silben haben.
In der zweiten Zeile muss dein Satz sieben Silben haben.
In der dritten Zeile muss deine Aussage wiederum aus fünf Silben bestehen.
Du kannst eine Überschrift darübersetzen.

Beispiel: Knospen brechen auf
Neues Leben will entsteh´n
Frühling kommt ins Land

Beispiel für ein Jahreszeitengedicht bestehend aus vier Haikus:

Frühling	Sommer	Herbst	Winter
Die Natur erwacht	Die Natur bricht auf	Die Natur trauert	Die Natur schläft ein
Knospen werden geboren	Bäume streben zum Himmel	Blätter lassen sich fallen	Bäume schöpfen neue Kraft
Leben will entstehn	Leben muss wachsen	Leben wird müde	Leben ruht sich aus

3. Stellt nun eure Haikus zu einem Buch zusammen.

Illustriert es. Erstellt auch ein Deckblatt.

August Hoffmann von Fallersleben

Warum August Hoffmann von Fallersleben?
- ✓ Beispiel für einen Dichter von bekannten und bedeutenden Kinderliedern
- ✓ Beispiel für einen Dichter, der sich nicht scheute, kritische Texte zu verfassen
- ✓ Beispiel für einen Dichter, der junge Menschen ernstnahm und singende Kinder mit Engeln verglich

Wer war das?
August Heinrich Hoffmann von Fallersleben war ein deutscher Dichter und Hochschullehrer für Germanistik und trug wesentlich dazu bei, dass das Fach an der Universität an Bedeutung gewann.
Auf der Nordseeinsel Helgoland schrieb er den Text für das „Lied an die Deutschen". Schon wenige Tage später wurde der Text zur Melodie der Kaiserhymne von Joseph Haydn gesungen. Heute ist das Lied die *Nationalhymne*, seit 1952 nur noch die dritte Strophe. Wegen seiner kritischen Texte musste Hoffmann von Fallersleben immer wieder seinen Wohnsitz verlegen. Als er eine Anstellung in der Staatsbibliothek in Corvey bekam, blieb er bis an sein Lebensende dort wohnen.
Kinder hatten einen besonderen Platz in seinem Herzen. Er selbst hatte eine schöne Kindheit und war ein guter Schüler. Sein Sohn Franz Friedrich war fünf Jahre alt, als seine Frau Ida starb. Der Dichter zog den Jungen, der später Kunst studierte und Landschaftsmaler wurde, allein auf.
Insgesamt schrieb Hoffmann von Fallersleben 550 Kinderlieder. 80 davon vertonte er selbst. Einige seiner Lieder sind: *Ein Männlein steht im Walde; Alle Vögel sind schon da; Der Kuckuck und der Esel; Kuckuck, Kuckuck; ruft´s aus dem Wald; Summ, summ, summ; Wer hat die schönsten Schäfchen; Morgen kommt der Weihnachtsmann; Winter adé.*

Wann war das?
August Heinrich Hoffmann von Fallersleben wurde 1798 in Fallersleben geboren. Sein Vater war Kaufmann und Bürgermeister des Ortes. Weil der Familienname Hoffmann sehr häufig vorkam, z. B. bei Heinrich Hoffmann, dem Autor des *Struwwelpeters*, setzte der Dichter seinen Geburtsort dahinter. So konnte es keine Verwechslungen geben. Bekannt wurde er als Hoffmann von Fallersleben.
Ernst Moritz Arndt war während seines Studiums einer seiner Dozenten. Mit Bettina von Arnim, Franz Liszt, Friedrich Karl von Savigny, Georg Friedrich Hegel, Albert von Chamisso, Jacob Grimm und Ludwig Uhland hatte er einen guten Kontakt. Als Schlossbibliothekar in Corvey fertigte er ein handschriftliches Verzeichnis der 65 000 Bücher an, das heute einmalig ist.
Im Jahr 1874 starb er in Corvey. Sein Sohn Franz Friedrich hatte auf Schloss Corvey zeitlebens ein Atelier, obwohl er als Künstler in Berlin wohnte.

Leseauftrag
Sowohl der Lesetext (**KV 1** oder **KV 2**) als auch die Textverständnisaufgaben (**KV 3** und **KV 4**) werden den Kindern zur Bearbeitung in differenzierter Form angeboten (leicht und schwer).

Kreativauftrag: Wir erfinden eigene Strophen zu einem Lied

- **KV 5** auf DIN A3 & evtl. Karton kopieren
- ca. 90 Minuten

Die Kinder singen Lieder nach Texten von August Hoffmann von Fallersleben. Sie erfinden eigene Strophen dazu.

Fröhliche Lieder für Kinder

August Hoffmann von Fallersleben
dichtete zuerst Lieder für
Erwachsene.
Er kritisierte darin oft das Verhalten
5 von Politikern.
Doch einigen Menschen gefiel das
nicht.
Deshalb vertrieben sie ihn immer
wieder aus seinem Wohnort.
10 In Mecklenburg konnte er sich
auf einem Rittergut zunächst
verstecken.
Der Besitzer wies ihn als seinen Kuhhirten aus.
Dann durfte er auf einem Rittergut in der Nähe mehrere Jahre bleiben.
15 In der Ruhe des Landlebens dichtete er nun viele Kinderlieder.

Der Kuckuck und der Esel,
Ein Männlein steht in dem Walde,
Alle Vögel sind schon da und
Morgen kommt der Weihnachtsmann

20 sind von ihm.
Zu mehreren Liedern komponierte er auch die Musik.
Ihm war wichtig, dass Kinder fröhlich seine Lieder singen sollten.
Singende Kinder waren für ihn wie Engel, die vom Himmel
herunterkommen. Durch seine Lieder machte er Kinder und sich
25 selbst glücklich.

Wortspeicher

August Hoffmann von Fallersleben	Erwachsene
kritisierte (kritisieren)	Politikern
Mecklenburg	Rittergut
Kinderlieder	Weihnachtsmann

Fröhliche Lieder für Kinder

August Hoffmann von Fallersleben dichtete zunächst Lieder für Erwachsene.
Er kritisierte darin oft das Verhalten
5 von Politikern.
Doch das gefiel einigen Menschen nicht.
Deshalb vertrieben sie ihn immer wieder aus seinem Wohnort.
10 Er wechselte mehrmals seinen Wohnsitz.
In Mecklenburg konnte er sich zunächst auf dem Rittergut Holdorf verstecken.

15 Der Besitzer wies ihn als seinen Kuhhirten aus.
Dann wohnte er mehrere Jahre auf dem benachbarten Rittergut Buchholz.
In der Idylle des Landlebens dichtete er nun auch viele Kinderlieder.
Er schrieb vom Kuckuck und dem Esel und vom Männlein im Walde.
Er schrieb, dass alle Vögel schon da sind und der Weihnachtsmann morgen
20 kommt.
Zu mehreren Liedern komponierte er auch die Musik.
Ihm war wichtig, dass Kinder fröhlich sein sollen und seine Lieder singen können.
Die Welt der Kinder war für ihn wie Poesie.
25 Er war beglückt, wenn er jungen Menschen ungestört beobachten konnte.
Singende Kinder waren für ihn wie Engel, die vom Himmel herunterkommen.
Durch seine Lieder machte er nicht nur Kinder glücklich, sondern auch sich selbst.

Wortspeicher

August Hoffmann von Fallersleben		**Erwachsene**
Politikern (Politiker)	**Kuckuck**	**Verhalten**
Wohnort	**Poesie**	**Wohnsitz**
Rittergut Holdorf	**ungestört**	**Rittergut Buchholz**
Idylle	**Landleben**	**Kinderlieder**

45

KV 3

Name: Datum:

Was hast du über Fallersleben erfahren?

1. Was wisst ihr über August Hoffmann von Fallersleben?

- Lest den Text „Fröhliche Lieder für Kinder" still und allein.
- Klärt Begriffe, die ihr nicht versteht.
- Lest euch den Text nun gegenseitig vor.
- Sucht gemeinsam im Text die Wörter aus dem Wortspeicher und markiert sie.
- Tauscht euer Wissen über Hoffmann von Fallersleben aus.

2. Überfliegt den Text und teilt ihn in Sinnabschnitte. Schreibt zu jedem Sinnabschnitt eine Überschrift.

Beispiel für Sinnabschnitte und Zwischenüberschriften:

Der ungeliebte Liederdichter	August Hoffmann von Fallersleben dichtete Lieder zunächst für Erwachsene. Er kritisierte darin oft das Verhalten von Politikern. Doch einigen Menschen gefiel das nicht. Deshalb vertrieben sie ihn immer wieder aus seinem Wohnort.
Die Rettung	In Mecklenburg konnte er sich auf einem Rittergut zunächst verstecken. Der Besitzer wies ihn als seinen Kuhhirten aus. Dann durfte er auf einem Rittergut in der Nähe mehrere Jahre bleiben.
Neue Lieder	In der Ruhe des Landlebens dichtete er viele Kinderlieder. *Der Kuckuck und der Esel, Ein Männlein steht in dem Walde, Alle Vögel sind schon da* und *Morgen kommt der Weihnachtsmann* sind von ihm. Zu mehreren Liedern komponierte er auch die Musik.
Kinder sind Engel	Ihm war wichtig, dass Kinder fröhlich seine Lieder singen sollten. Singende Kinder waren für ihn wie Engel, die vom Himmel herunterkommen. Durch seine Lieder machte er Kinder und auch sich selbst glücklich.

KV 4

Name: Datum:

Was hast du über Fallersleben erfahren?

1. Was wisst ihr über August Hoffmann von Fallersleben?

- Lest den Text „Fröhliche Lieder für Kinder" still und allein.
- Klärt Begriffe, die ihr nicht versteht.
- Lest euch den Text nun gegenseitig vor.
- Sucht gemeinsam im Text die Wörter aus dem Wortspeicher heraus und markiert sie.
- Tauscht euer Wissen über Hoffmann von Fallersleben aus.

2. Erstellt eine Begriffspyramide.

Schreibt zuerst den Namen des Dichters auf. Schreibt dann zwei bedeutende Begriffe aus dem Text jeweils rechts und links darunter. Zieht von den beiden Begriffen jeweils eine Linie nach oben zu dem Namen des Dichters. Schreibt nun unter die beiden Begriffe wiederum jeweils zwei passende Begriffe darunter. Zieht jeweils wieder Linien zu den Begriffen darüber.

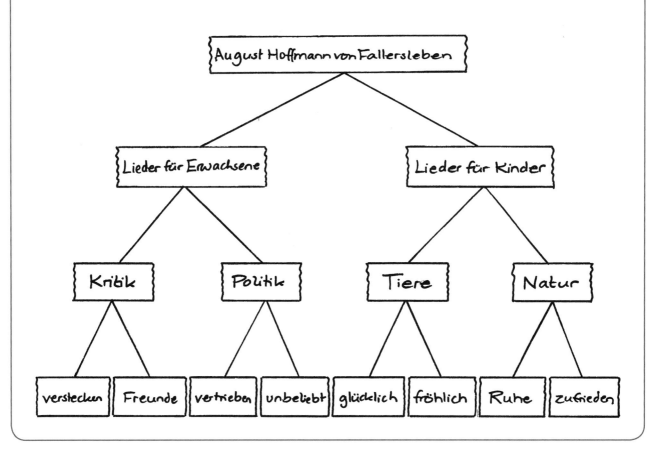

47

KV 5

Name: Datum:

Wir erfinden eigene Strophen zu einem Lied

1. Schreibt Lieder weiter.

Sucht nach Liedern, deren Texte von Hoffmann von Fallersleben sind. Lest zuerst die Liedertexte. Singt sie. Erfindet eigene Strophen zu den Liedern.

Tipp:
Suche zum Beispiel nach:
*Der Kuckuck und der Esel,
Ein Männlein steht im Walde,
Alle Vögel sind schon da,
Morgen kommt der Weihnachtsmann.*

2. Schreibt ein Gedicht weiter.

Lest die erste Strophe des Gedichtes „Bücherwurm". Zählt die Silben in jeder Zeile. Achtet auf die Reime, die hier nach ABAB gestaltet sind. Schreibt weitere Strophen. Erzählt darin, was Laura gerne liest und warum sie es genießt. Ihr könnt statt „Laura" einen anderen Namen einsetzen, der aber aus zwei Silben bestehen muss.

Bücherwurm
Laura liebt das Bücherlesen,
liest am liebsten stundenlang
von Gespenstern, fremden Wesen.
Doch ihr wird dabei nicht bang.

Beispiele für weitere Strophen	Laura möchte Märchen lesen und schlägt gleich die Seite auf. Mit der Hexe auf dem Besen reitet sie den Blocksberg rauf.	Laura kann in Büchern lesen alles über Afrika, so als wär' sie dort gewesen, selbst die Tiere sind ihr nah.
Laura hat viel Spaß beim Lesen, reist in Büchern um die Welt. Überall ist sie gewesen. Doch dafür braucht sie kein Geld.	Laura findet Trost beim Lesen, bei den Freunden, die sie mag, und die Kräfte dieser Wesen machen Laura groß und stark.	Du kannst auch wie Laura lesen in den Büchern aus Papier, kannst von Fernsehsucht genesen durch Geschichten. Glaube mir.

Erich Kästner

Warum Erich Kästner?
- ✓ Beispiel für einen Dichter, der sich konsequent für den Frieden einsetzte
- ✓ Beispiel für einen Kinderbuchautor, der die Sorgen der jungen Menschen ernstnahm und für sie spannende und unterhaltsame Romane schrieb
- ✓ Beispiel für anspruchsvolle Kinderliteratur

Wer war das?
Erich Kästner war ein berühmter deutscher Schriftsteller, Publizist, Drehbuchautor und Verfasser von Texten für das Kabarett. Schon während des Studiums arbeitete er bei der *Neuen Leipziger Zeitung*. Auch nach der Ausbildung blieb er dort. 1927 verlegte er seinen Wohnsitz nach Berlin. Dort veröffentlichte er zeitkritische Gedichte, Theaterkritiken und Rezensionen. Zeitlebens setzte sich für den Frieden ein und war gegen jeglichen Militarismus.
1928 erschien sein erstes Buch, eine Gedichtsammlung für Erwachsene und 1929 sein erstes Kinderbuch mit dem Titel *Emil und die Detektive*. Danach schrieb er weitere Kinderbücher wie *Pünktchen und Anton*, *Das fliegende Klassenzimmer*, *Das doppelte Lottchen* und *Die Konferenz der Tiere*, die in viele andere Sprachen übersetzt und sogar mehrfach verfilmt wurden.

Wann war das?
Erich Kästner wurde 1899 in Dresden geboren. Von 1906 bis 1913 ging er zur Volksschule. Er wollte Lehrer werden und besuchte das Lehrerseminar in Dresden.
1917 musste er im Ersten Weltkrieg seinen Wehrdienst ableisten. Nach dem Krieg kam er mit einer Herzschwäche zurück. Er machte dann die Prüfung als Lehrer und arbeitete an einem Gymnasium. Doch dann änderte er seine Berufspläne und studierte 1919 Journalistik, Geschichte und Theaterwissenschaften in Leipzig. Er schrieb nun Bücher. 1933 wurden seine Bücher durch die Nationalsozialisten verbrannt. Er war bei der Aktion selbst anwesend. Auch während der schwierigen politischen Situation blieb er in Berlin wohnen und schrieb unter verschiedenen Pseudonymen weiter.
1945 zog er nach München. Dort gab er eine Kinder- und Jugendzeitschrift heraus. Darüber hinaus war er weiter als Kinderbuchautor aktiv und auch erfolgreich. Nach langer Krankheit verstarb er am 29. Juli 1974 in München.

Leseauftrag
Sowohl der Lesetext (**KV 1** oder **KV 2**) als auch die Textverständnisaufgaben (**KV 3** und **KV 4**) werden den Kindern zur Bearbeitung in differenzierter Form angeboten (leicht und schwer).

Kreativauftrag:
Wir erforschen eine Bibliothek

- **KV 5** auf DIN A3 & evtl. Karton kopieren
- ca. 120 Minuten

Die Kinder besuchen gemeinsam eine Schul- oder Stadtbibliothek. Sie lernen das Ordnungsprinzip einer Bibliothek kennen und suchen nach Büchern über Erich Kästner und nach Kinderbüchern von dem Schriftsteller. Sie fassen die Informationen über den Schriftsteller zusammen und erstellen eine Biografie oder eine Zeitleiste.
Dann lesen sie die Klappentexte der Kinderbücher und wählen jeweils ein Buch des Dichters aus, das sie still und allein lesen. Sie formulieren Buchbeschreibungen oder bauen sich selbst in eine Geschichte ein und veröffentlichen ihre Ergebnisse.

Eine Detektivgeschichte für Kinder

Ruth Jakobsohn gründete einen Verlag für Kinderbücher.
Bald darauf machte sie dem Schriftsteller Erich Kästner einen Vorschlag.
Er sollte eine Detektivgeschichte für Kinder schreiben.
5 Das Buch würde sie gern in ihrem Verlag veröffentlichen.
Die Kinder hätten bestimmt viel Freude daran.
Doch Erich Kästner hatte bis dahin nur Bücher für Erwachsene geschrieben.
Er überlegte eine kurze Zeit und nahm dann das Angebot an.
10 Seine Geschichte hatte den Titel „Emil und die Detektive".
Es kam, wie Ruth Jakobsohn vorausgesagt hatte.
Die Kinder hatten viel Freude daran.
Der Schüler Hans Löhr wurde Hansi genannt und schrieb Erich Kästner einen Brief. Darin drückte er seine Freude über das
15 spannende Abenteuer aus. Er berichtete, wie begeistert er war, als die Kinder den Dieb überwältigten.
Erich Kästner beantwortete den Brief und besuchte den Jungen.
Als das Buch verfilmt wurde, bekam Hansi eine Rolle.

Wortspeicher

Ruth Jakobsohn	Schriftsteller
Erich Kästner	Detektivgeschichte
Hansi Löhr	Abenteuer
überwältigten (überwältigen)	Erwachsene

Eine Detektivgeschichte für Kinder

Ruth Jakobsohn gründete in Berlin einen Verlag für Kinderbücher.
Bald darauf machte sie dem Schriftsteller Erich Kästner einen
5 Vorschlag.
Er sollte eine Detektivgeschichte für Kinder schreiben.
Das Buch würde sie gern in ihrem Verlag veröffentlichen.
10 Die Kinder hätten bestimmt viel Freude daran.
Doch Erich Kästner hatte bisher nur Bücher für Erwachsene geschrieben.
Er überlegte kurz und nahm dann das Angebot an.
15 Seine Geschichte hatte den Titel „Emil und die Detektive".
Er arbeitete Tag und Nacht.
Es kam, wie die Verlagsleiterin vorausgesagt hatte.
Die Kinder hatten viel Freude beim Lesen.
Der achtjährige Hansi Löhr schrieb Erich Kästner einen Brief.
20 Darin drückte er seine große Freude über das spannende Abenteuer aus.
Er schwärmte davon, wie die Kinder den Dieb verfolgten und überwältigten.
Erich Kästner beantwortete den Brief und besuchte den Jungen zu Hause.
Schon nach der ersten Begegnung hatte er ihn ins Herz geschlossen.
Er erfuhr, dass der Vater des Jungen im Krieg gestorben war.
25 Hansi Löhr fragte Erich Kästner, ob er für seine Schülerzeitung etwas schreiben würde.
Das tat der bekannte Dichter gerne.
So blieben die beiden in Kontakt.
Bald darauf wurde das Buch „Emil und die Detektive" verfilmt.
30 Für den Schriftsteller war sofort klar, dass Hansi eine Rolle in dem Film bekommen sollte.
Der Junge durfte die Rolle des kleinen Dienstag darstellen.

Wortspeicher

Ruth Jakobsohn	Schriftsteller	Erich Kästner
Detektivgeschichte	veröffentlichen	Erwachsene
achtjährig	Hansi Löhr	überwältigten (überwältigen)
Schülerzeitung	Verlagsleiterin	Verlag

KV 3

Name: Datum:

Was hast du über Kästner erfahren?

1. Was wisst ihr über Erich Kästner?

- Lest den Text „Eine Detektivgeschichte für Kinder" still und allein.
- Klärt Begriffe, die ihr nicht versteht.
- Lest euch den Text nun gegenseitig vor.
- Sucht gemeinsam im Text die Wörter aus dem Wortspeicher und markiert sie.
- Tauscht euer Wissen über Erich Kästner aus.

2. Beantworte folgende Fragen:

- Kennst du das Buch oder den Film „Emil und die Detektive"?

- Kennst du das Buch oder den Film „Pünktchen und Anton"?

- Kennst du das Buch oder den Film „Das doppelte Lottchen"?

- Kennst du das Buch oder den Film „Das fliegende Klassenzimmer"?

- An welche Stelle in einem der Bücher oder Filme erinnerst du dich besonders gern?

- Diese vier Bücher von Erich Kästner wurden auch verfilmt. Hast du einen oder mehrere davon gesehen?

- Zu welcher Zeit und in welchem Land hat Erich Kästner gelebt?

- Hat er wohl noch mehr Kinderbücher geschrieben? Recherchiere im Internet.

KV 4

Name: Datum:

Was hast du über Kästner erfahren?

1. Halte Bedeutendes fest.

- Schreibe den Namen „Erich Kästner" mitten auf ein Blatt.
- Schreibe alles, was du über den Schriftsteller Erich Kästner weißt, wie Sonnenstrahlen um die Mitte herum.
- Schreibe dann ein Gedicht über Erich Kästner.

Tipp:
Du kannst ein **Akrostichon** zu Erich Kästner schreiben. Das ist eine besondere Gedichtform. Dazu schreibst du den Namen „Erich Kästner" senkrecht auf. Finde nun zu jedem Buchstaben ein Wort oder einen kurzen Satz mit einer passenden Aussage über ihn – zum Beispiel so:

Ein großartiger Kinderbuchautor
Raum für Fantasie
Ideenreich
CDs kannte er noch nicht
Heute werden die Abenteuer verfilmt

Kinder sind seine Helden
Ängstlich waren sie nicht
Seine Bücher machen Mut
Texte schreiben war seine Lieblingsbeschäftigung
Nie wurde er müde
Er ist bis heute unvergessen
Richtige Leser kennen seine Bücher

2. Kreuze die richtige Aussage an.

Erich Kästner hatte
○ schon immer Freude am Schreiben.
○ schon immer Freude am Fliegen.
○ schon immer Freude am Militär.

Erich Kästner schrieb
○ das Buch „Emil und die Detektive".
○ das Buch „Die wilden Hühner".
○ das Buch „Der Grüffelo".

Erich Kästner erlebte,
○ dass Kinder von seinen Büchern begeistert waren.
○ dass die Kinder seine Bücher nicht mochten.
○ dass die Bücher nur von Erwachsenen gelesen wurden.

KV 5/1

Name: Datum:

Wir erforschen eine Bibliothek

1. **Sucht in der Klassen- oder Schulbibliothek Bücher, in denen ihr Informationen über Erich Kästner bekommen könnt.**

Geht fogenden Fragen nach: Wo wurde er geboren? Wie hießen seine Eltern? Wo besuchte er das Lehrerseminar? Warum wollte er lieber mit dem Schreiben sein Geld verdienen? Wie hieß sein erstes Gedichte-Buch? Warum verbrannten die Nationalsozialisten seine Bücher? Wie viele Kinderbücher schrieb er insgesamt? Wie lauten einige Titel? Fasst die wichtigsten Informationen zusammen und schreibt sie auf.

2. **Sucht nach Kinderbüchern von Erich Kästner.**

Lest zunächst den Klappentext. Worum geht es in dem jeweiligen Buch? Was erwartet ihr vom Inhalt? Lest dann still und allein ein Buch.

Regeln & Tipps

Regeln:
- Gehe sorgsam mit den Büchern um.
- Schreibe nicht in die Bücher hinein.
- Ordne die Bücher nach dem Lesen wieder an die gleiche Stelle ins Regal ein.
- Räume die Bücher so ein, dass der Bücherrücken sichtbar ist.

Tipp:
Ihr könnt eine Zeitleiste erstellen und die wichtigsten Daten von Erich Kästner dazuschreiben, z. B.:

1899	1906	1917	1927	1933	1945	1974
Geburt	Einschulung	Kriegsdienst	Berlin	Bücherverbrennung	Umzug nach München	Tod

Tipp:
Erich Kästner hat viele Kinderbücher geschrieben. Die Titel lauten:

Emil und die Detektive	Das fliegende Klassenzimmer	Das doppelte Lottchen
Pünktchen und Anton	Emil und die drei Zwillinge	Der kleine Mann
Der 35. Mai	Die Konferenz der Tiere	

Tipp:
Die Kinderbücher von Erich Kästner wurden in 100 Sprachen übersetzt. Die Kinderbücher wurden auch verfilmt.

KV 5/2

Name: Datum:

Regeln & Tipps

Tipp:
Lies die Klappentexte der Kinderbücher von Erich Kästner. Vielleicht entdeckst du ein Buch, das du unbedingt lesen möchtest. Vielleicht wird es dein Lieblingsbuch.

Tipp:
Wenn du eine Inhaltsangabe zu einem Kinderbuch schreiben möchtest, dann nenne den Titel des Buches und den Autor. Erzähle von den Hauptpersonen in dem Buch. Fasse die Handlung in wenigen Sätzen zusammen. Beschränke dich auf das Wichtigste. Schreibe aus der Sicht eines Erzählers und nicht aus deiner Sicht. Du darfst nicht deine Meinung zum Ausdruck bringen.

Tipp:
Eine Rezension nennt man auch Buchbeschreibung. Du darfst bei einer Rezension deine eigene Meinung zum Ausdruck bringen. Beschränke dich auf das Wichtigste.

Tipp:
Wenn du eine Rezension zu einem Kinderbuch schreiben möchtest, dann musst du folgende Fragen nacheinander beantworten:
Wer hat das Buch geschrieben? Wie heißt das Buch? Bei welchem Verlag ist es erschienen? Wie viele Seiten hat es? Ist das Buch in Kapitel unterteilt? Wie viele Kapitel hat es? Wer ist die Hauptfigur? Was erlebt die Hauptfigur? Gibt es Stellen in dem Buch, die dir besonders gut gefallen? Wie beurteilst du das Buch insgesamt?

Tipp:
Baue dich selbst in eine Geschichte von Erich Kästner ein und schreibe sie auf.

Tipp:
Lies zwei Bücher von Erich Kästner und vergleiche beide miteinander.

Tipp:
Fasst eure Ergebnisse in einem Lesetagebuch zusammen.

Tipp:
Haltet die Ergebnisse auf einem Lernplakat fest.

Tipp:
Stellt die Ergebnisse in einem Leporello zusammenstellen.

James Krüss

Warum James Krüss?
- Beispiel für einen bedeutenden Kinderbuchautor
- Beispiel für Kindergedichte
- Beispiel für einen Kinderbuchautor mit viel Humor
- Beispiel für humorvolle Texte

Wer war das?

Sein vollständiger Name lautet: James Jacob Hinrich Krüss. Er war ein deutscher Schriftsteller, nahm in seinen Werken Kinder stets ernst und sah in ihnen die Erwachsenen von morgen. Er wollte den jungen Menschen, die am Anfang ihres Lebens stehen und ihren eigenen Weg finden müssen, die Welt erklären, sie begleiten, ihnen Mut machen und sie durch die Geschichten stärken. Sprache war für ihn ein Werkzeug zur Welterschließung. Seine Texte waren detailreich und voller Liebe und Humor. Mit seinen Werken wollte er die Lust an differenzierter Sprache und am Lernen wecken und die Sprachkompetenz spielerisch fördern. Eigentlich hatte er Lust, Lehrer werden. Doch er entschied sich für das Schreiben. Unter anderem schrieb er Lieder für Udo Jürgens' Kindershow *„Jenny und Johnny"*. Viele Gedichte von ihm füllen Lesebücher und sind bei Grundschulkindern bekannt – unter anderem *„Die Weihnachtsmaus"*, *„Das Feuer"* oder *„Der Zauberer Korinthe"*. Das Kinderbuch *„Thimm Thaler"*, das später verfilmt wurde, machte ihn schließlich berühmt. Seine Bücher wurden in viele Sprachen übersetzt.

Wann war das?

James Jacob Hinrich Krüss wurde 1926 auf Helgoland geboren. Schon als Kind schrieb er gerne. Als er nach dem Zweiten Weltkrieg nach München zog, lernte er dort Erich Kästner kennen. Dieser erkannte sein Talent und ermutigte ihn, Kinderbuchautor zu werden. Zunächst schrieb James Krüss ein Drehbuch für ein Hörspiel zu Kästners Buch *Die Konferenz der Tiere*. Danach schrieb er weiter an eigenen Gedichten und Geschichten und konnte sie im Oetinger-Verlag veröffentlichen, in dem auch *Pippi Langstrumpf* herausgegeben wurde. Später kaufte er ein Haus auf Gran Canaria.

Er feierte gerne, hatte viele Freunde um sich, aber er zog sich dann auch schnell wieder zurück und genoss die Ruhe in seinem Dorf La Calzada. Christian Bruhn, Katja Ebstein, Justus Frantz, Hans Clarin, Georg Hedrich, Heidi und Friedrich Oetinger sowie der Kinderbuchautor Janosch waren häufig bei ihm zu Besuch. Zu besonderen Feiern machte ein Nachbar auf einer Anhöhe ein Feuerwerk, dessen Echo laut in der Schlucht hinter seinem Haus widerhallte. James Krüss nannte ihn deshalb Don Volcano. Zu seinem „Hausstaat", mit dem er gern kokettierte, gehörte sein Lebensgefährte Dario Perez, seine Haushälterin Rosalia mit ihrer Tochter Noelia sowie sein Fahrer Santiago, den er eingestellt hatte, weil er selbst sechsmal durch die Führerscheinprüfung gefallen war.
James Krüss starb 1997 auf Gran Canaria.

Leseauftrag

Sowohl der Lesetext (**KV 1** oder **KV 2**) als auch die Textverständnisaufgaben (**KV 3** und **KV 4**) werden den Kindern zur Bearbeitung in differenzierter Form angeboten (leicht und schwer).

Kreativauftrag:
Wir dialogisieren einen Text und schreiben ein Drehbuch

- **KV 5** auf DIN A3 & evtl. Karton kopieren   ca. 120 Minuten

Die Kinder lesen eine Geschichte von James Krüss. Sie wählen eine Handlung aus, erzählen sie aus den unterschiedlichen Perspektiven der Handlungsfiguren, formulieren Dialoge und schreiben ein Drehbuch für ein Hörspiel oder einen Film. In dem Drehbuch beachten sie Einstellungen und Geräusche. Sie verteilen die Rollen, üben die Sprechtexte ein und nehmen das Rollenspiel mit einem Smartphone auf.

Das Leben im kleinen Dorf

James Krüss lebte auf Gran Canaria.
Er liebte die Ruhe in seinem kleinen Dorf.
Sein Tagesablauf begann mit einem Spaziergang.
Jeden Morgen nahm er Noelia an die Hand und brachte sie zur Schule.
5 Noelia war die Tochter seiner Haushälterin Rosalia.
James Krüss wollte eine gute Zukunft für dieses Mädchen.
Noelia sollte noch mehr lernen als ihre Vorfahren.
Denn in der Familie des Mädchens gab es viele Analphabeten.
Wenn James Krüss zurückkam, setzte er sich in sein Arbeitszimmer.
10 Dazu ging er die Treppe hinauf in den ersten Stock.
Dort schrieb er spannende Geschichten.
Am Nachmittag brachte Noelia häufig Kinder aus der Schule mit.
Sie setzten sich artig auf die Terrasse.
James Krüss las ihnen aus seinen Büchern in spanischer Sprache vor.
15 Er war ein wunderbarer Erzähler.
Die Kinder waren begeistert, lachten und klatschten anschließend.

Wortspeicher

James Krüss	**Gran Canaria**	**Tagesablauf**
Noelia	**Vorfahren**	**Analphabeten**
Arbeitszimmer	**Rosalia**	**Terrasse**
spanische Sprache (spanisch)		**klatschten**

KV 2

Name: Datum:

Das Leben im kleinen Dorf

James Krüss lebte in La Calzada auf Gran Canaria.
Sein Tagesablauf begann mit einem Spaziergang durch das Dorf.
Jeden Morgen nahm er Noelia an die Hand und
5 brachte sie zur Schule. Noelia war die Tochter seiner Haushälterin Rosalia. James Krüss ging mit ihr über die neue Asphaltstraße.
Sie kamen an dem kleinen Laden von Carmelito vorbei.
Dort duftete es herrlich süß oder mal auch sauer.
10 Dann gingen sie die Stufen hinab zur Schlucht.
Schließlich standen sie vor dem freundlichen hellen Schulgebäude.
Für den Dichter war der Weg zur Schule mit Noelia an der Hand sehr wichtig.
Er wollte eine gute Zukunft für dieses Mädchen.
Noelia sollte einen weiteren Blick auf die Welt bekommen als ihre Vorfahren.
15 Denn in der Familie des Mädchens gab es viele Analphabeten.
Wenn James Krüss wieder zu Hause war, setzte er sich in sein Arbeitszimmer.
Dazu ging er die Treppe hinauf in den ersten Stock.
Dort schrieb er spannende Geschichten.
Mittags holte er Noelia wieder von der Schule ab.
20 Am Nachmittag brachte das Mädchen häufig Kinder aus der Schule mit.
Sie setzten sie sich artig zu ihm auf die Terrasse.
James Krüss las ihnen dann in spanischer Sprache aus seinen Büchern vor.
Er war nicht nur ein guter Schreiber, sondern auch ein wunderbarer Erzähler.
Die Kinder waren begeistert, lachten und applaudierten anschließend.
25 Häufig klingelten auch Lehrerinnen an seiner Tür, die auf der Insel Urlaub machten.
Der Dichter begrüßte sie immer freundlich und führte sie auf seine Terrasse.
Seine Haushälterin bot ihnen Getränke und Gebäck an.
Die Lehrerinnen erzählten von ihren Schulklassen, die seine Gedichte liebten.
30 Mitunter brachten sie auch Bilder und Briefe von Kindern mit und gaben sie ihm.
James Krüss war stets ein freundlicher Zuhörer und ein guter Unterhalter.
Die Gäste fuhren nach einigen Stunden beglückt zu ihrem Hotel zurück.

Wortspeicher

James Krüss	Noelia	Rosalia	Carmelito
Analphabeten	klingeln	Terrasse	applaudieren
Haushälterin	Asphalt	beglückt	Vorfahren

58

KV 3

Name: Datum:

Was hast du über Krüss erfahren?

1. Was wisst ihr über James Krüss?

- Lest den Text „Das Leben im kleinen Dorf" still und allein.
- Klärt Begriffe, die ihr nicht versteht.
- Lest euch den Text nun gegenseitig vor.
- Nennt der Reihe ein Wort aus dem Wortspeicher. Die anderen Kinder müssen es im Text suchen und markieren.
- Tauscht euer Wissen über James Krüss aus.

2. Beantwortet folgende Fragen zum Text.

- Wo lebte James Krüss?

- Womit begann sein Tagesablauf?

- Wen nahm er an die Hand?

- Wohin brachte er sie?

- Was tat er, wenn er zurückkam?

- Was machte er dann?

- Wer besuchte ihn am Nachmittag?

- Was machte er dann?

59

KV 4

Name: _____ Datum: _____

Was hast du über Krüss erfahren?

1. Was wisst ihr über James Krüss?

- Tauscht euer Wissen über den Dichter aus.

2. Macht eine Lesekonferenz.

- Lest den Text „Das Leben im kleinen Dorf" still und allein.
- Unterstreicht Wörter, die ihr nicht versteht.
- Sucht gemeinsam im Text die Wörter aus dem Wortspeicher und markiert sie.
- Klärt die Wörter gemeinsam, die ihr nicht versteht.
- Lest euch den Text nun gegenseitig vor.
- Lest den Text im Flüsterton.
- Tragt den Text sinngestaltend mit Mimik und Gestik vor.
- Legt gemeinsam fest, wie ihr mit dem Text noch weiterarbeiten werdet. Ihr könnt passende Methoden auch selbst bestimmen.

   a) Welche Personen kommen in dem Text vor? Markiert sie im Text.
   b) Welche Stellen in dem Text sind bedeutsam? Markiert sie im Text.
   c) Welche Szene gefällt euch? Spielt sie nach.
   d) Erzählt den Text aus der Sicht von Noelia.
   e) Erstellt in einer Tabelle einen Tagesplan für James Krüss. Ordnet Uhrzeiten dazu. Fasst mit euren Worten zusammen, was er zu welcher Zeit machte.

KV 5

Name: Datum:

Wir dialogisieren einen Text und schreiben ein Drehbuch

1. Lest eine Geschichte oder ein Gedicht von James Krüss.

Wählt ein Gedicht oder eine Geschichte von James Krüss aus. Wählt eine Handlung aus. Lest sie zunächst still und allein. Lest sie dann anderen Kindern vor.

2. Erzählt aus unterschiedlichen Perspektiven.

Welche Handlungsfiguren gibt es in der Handlung? Wählt der Reihe nach eine aus. Stellt euch vor, ihr seid nun die Handlungsfigur. Erzählt die Handlung aus eurer Sicht.

3. Dialogisiert eine Handlung.

Schreibt zu der Handlung einen Rollentext. Notiert alle Handlungsfiguren. Schreibt die Figuren in der richtigen Reihenfolge ihres Auftretens auf und notiert, was sie sprechen. Ihr müsst dabei den Originaltext so verändern, dass ihr immer eine wörtliche Rede aufschreibt.

4. Erstellt ein Drehbuch.

Sprecht den Text nun mit verteilten Rollen. Wenn die Handlung noch nicht in Ordnung ist, dann nehmt Korrekturen vor. Notiert nun an den entsprechenden Stellen, wie die Figuren sprechen und sich bewegen sollen, welche Geräusche notwendig sind und ob besondere Kleidung gewünscht ist. Bei einem Drehbuch für einen Film müsst ihr auch noch an den jeweiligen Szenen festhalten, ob eine Naheinstellung oder eine Totale notwendig ist.

5. Dreht einen Film.

Verteilt die Rollen aus dem Drehbuch und lernt sie auswendig. Legt auch fest, wer die Aufgaben hinter der Kamera übernimmt, wie z. B. Kameramann oder Regisseur. Nehmt zuerst einen Titel auf. Dann filmt die einzelnen Szenen in der richtigen Abfolge. Wenn die zuletzt aufgenommene Szene nicht gelungen ist, könnt ihr sie löschen und diese noch einmal wiederholen.

Tipp:
Den Titel eures Films könnt ihr an die Tafel schreiben und abfilmen.

Tipp:
Ihr könnt euren Film auch im Internet hochladen.

Christian Morgenstern

Warum Christian Morgenstern?
- ✓ Beispiel für einen berühmten deutschen Schriftsteller
- ✓ Beispiel für einen Dichter, der Werke verschiedener Autoren aus einer anderen Sprache übersetzte
- ✓ Beispiel für einen Dichter, der vor allem humoristische Lyrik schrieb
- ✓ Beispiel für visuelle und komische Lyrik

Wer war das?
Christian Otto Josef Wolfgang Morgenstern war ein deutscher Dichter, Schriftsteller und Übersetzer. Große Bekanntheit erreichte er mit seiner humoristischen Lyrik.
Seine Gedichte waren in ihrem Inhalt aber nicht nur oberflächlich witzig, sondern auch tiefgründig in der Aussage. Christian Morgenstern gestaltete auch auf humorvolle Weise visuelle Lyrik.
Obwohl er als Sonntagskind auf die Welt kam, war seine Kindheit und Jugend überschattet von Krankheit und Tod. Als er zehn Jahre alt war, verstarb seine Mutter, die ihm ein Lungenleiden vererbte. Sein Vater, ein Landschaftsmaler, wollte seinen einzigen Sohn zum Offizier ausbilden lassen. Doch wegen der beginnenden Tuberkulose kränkelte dieser oft und musste sich häufig längere Zeit in Kurorten für Lungenkranke aufhalten.

Wann war das?
Christian Morgenstern kam 1871 in München zur Welt und starb 1914 in Tirol. Sein Vater und Großvater sowie seine Mutter waren bekannte Landschaftsmaler.
Nachdem er eine Ausbildung beim Militär wegen seiner Krankheit abbrechen musste, entschloss er sich, Schriftsteller zu werden, denn das Formulieren und Spielen mit Sprache bereitete ihm Freude.
In Berlin schrieb er für verschiedene Zeitschriften. Nebenbei arbeitete er auch an einem Buch mit Gedichten. Er übersetzte Werke von Henrik Ibsen, fuhr nach Norwegen und traf den Autor selbst. Er übersetzte auch Werke anderer Autoren aus anderen Sprachen, um seinen Lebensunterhalt zu finanzieren.

Zwischendurch verdiente er auch als Lektor sein Geld.
Er veröffentlichte weitere Gedichte, unter anderem seine „Galgenlieder", in denen er seinen liebenswürdigen, scharfsinnigen Sprachwitz zeigte. Mit Rudolf Steiner war er eng befreundet.

Leseauftrag
Sowohl der Lesetext (**KV 1** oder **KV 2**) als auch die Textverständnisaufgaben (**KV 3** und **KV 4**) werden den Kindern zur Bearbeitung in differenzierter Form angeboten (leicht und schwer).

Kreativauftrag:
Wir schreiben humorvolle Gedichte

- **KV 5** auf DIN A3 & evtl. Karton kopieren

ca. 90 Minuten

Die Kinder sammeln Ideen und verfassen eigene humorvolle Gedichte sowie visuelle Lyrik.

KV 1 Name: Datum:

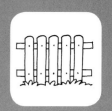

Humor ist wichtig

An einem Sonntag Anfang Mai
da machte er den ersten Schrei.
Das Geld war knapp, die Sorgen schwer,
die Lunge schmerzte manchmal sehr.
5 Sein Schicksal nahm er tapfer hin
und hatte Späße oft im Sinn.

Er wandte sich dem Schreiben zu
und gönnte sich fast keine Ruh.
Nur mit dem Stift, etwas Papier
10 und ein paar Wörtern da und hier
da knipste er bei Frau und Mann
die Freude für Gedichte an.

(Edelgard Moers)

Wortspeicher

Humor	Sorgen	Schicksal
schmerzte (Schmerzen)	Späße (Spaß)	wandte (zuwenden)
knipste (anknipsen)	gönnte (gönnen)	

KV 2

Name: Datum:

Humor ist wichtig

An einem Sonntag Anfang Mai
da machte er den ersten Schrei.
Das Geld war knapp, die Sorgen schwer,
die Lunge schmerzte da schon sehr.
5 Sein Schicksal nahm er tapfer hin
und hatte Späße oft im Sinn.

Er wandte sich dem Schreiben zu
und gönnte sich fast keine Ruh.
Nur mit dem Stift, etwas Papier
10 und ein paar Wörtern da und hier
da knipste er bei Frau und Mann
die Freude für Gedichte an.

Und wenn du einmal traurig bist
und gute Laune fast vergisst,
15 verhilft ein lustiges Gedicht
zu einem fröhlichen Gesicht.
In Lyrik von Herrn Morgenstern
verlieben sich die Menschen gern.
(Edelgard Moers)

Wortspeicher

Humor	**Sorgen**	**Schicksal**
schmerzte (Schmerzen)	**Späße (Spaß)**	**wandte (wenden)**
knipste (anknipsen)	**gönnte (gönnen)**	**traurig**
vergisst (vergessen)	**Lyrik**	**verlieben**

KV 3

Name: Datum:

Was hast du über Morgenstern erfahren?

1. Was wisst ihr über Christian Morgenstern?

- Lest den Text „Humor ist wichtig" still und allein.
- Klärt Begriffe, die ihr nicht versteht.
- Lest euch den Text nun gegenseitig vor.
- Nennt der Reihe ein Wort aus dem Wortspeicher.
- Die anderen Kinder müssen es im Text suchen und markieren.
- Tauscht euer Wissen über Christian Morgenstern aus.

2. Arbeitet mit dem Lesetext.

- Unterstreicht Reimwörter im Text.
- Lest nun den Text laut vor.
- Verändert eure Stimme an einigen Stellen, an denen es passt.
- Ihr könnt lauter oder leiser sowie langsamer oder schneller sprechen.
- Bewegt eure Hände und verändert euer Gesicht passend zum Text.

Was weißt du über Christian Morgenstern?

1. Was wisst ihr über Christian Morgenstern?

- Lest den Text „Humor ist wichtig" still und allein.
- Klärt Begriffe, die ihr nicht versteht.
- Lest euch den Text nun gegenseitig vor.
- Sucht gemeinsam im Text die Wörter aus dem Wortspeicher und markiert sie.
- Tauscht euer Wissen über Christian Morgenstern aus.

2. Denkt über den Text hinaus.

- Tragt das Gedicht sinngestaltend vor.
- Überlegt euch, wie ihr Mimik und Gestik einsetzen könnt.
- Macht euch Gedanken, was humorvolle Gedichte bei Menschen bewirken können.
- Sammelt eure Ideen in einer Gedankensonne.
- Schreibt eine weitere Strophe zum Gedicht.

Tipps:
Gedichte können trösten.
Gedichte können erheitern.
Gedichte können zum Nachdenken anregen.
Gedichte können Mut machen.
Gedichte können unterhalten.
Gedichte können informieren.
Gedichte können wütend machen.
Gedichte können zum Lachen bringen.
Gedichte können erfreuen.
Gedichte können zum Staunen bringen.
Gedichte können aufregen.
Gedichte können unvergesslich sein.

Name: Datum:

Wir schreiben humorvolle Gedichte

1. Lest Gedichte von Christian Morgenstern.

- Sucht Gedichte von Christian Morgenstern, wie z. B. *Der Lattenzaun, Der Trichter, Bim, Bam, Bum; Der Walfafisch* oder andere.
- Lest sie sinngestaltend vor. Überlegt euch eine entsprechende Betonung.

2. Dichtet nun selbst.

- Sammelt zu einem Begriff passende Wörter in einer Gedankensonne. Erstellt so zuerst eine Wörtersammlung.
- Schreibt nun humorvolle Gedichte, die sich reimen. Nutzt dafür die Wörter in der Gedankensonne.
- Ihr könnt auch das Beispiel weiterschreiben.

Beispiel:

Ein kleiner Dino war empört.
Er fühlte sich im Schlaf gestört.
Es knackte, krachte stundenlang.
Dem Dino wurde angst und bang.
Die Töne klangen nicht gesund.
Doch da entdeckte er den Grund.
...
...

3. Dichtet visuelle Gedichte.

Schreibt kurze Gedichte als Zwei- oder Vierzeiler, die in einer passenden optischen Form dargestellt werden.

Beispiel für visuelle Lyrik:

mit dem Weg von mir zu dir, nicht aus Holz und nicht aus Stein,
bauen wir nur aus Worten
Eine Brücke soll sie sein.

Joachim Ringelnatz

Warum Joachim Ringelnatz?
- ✓ Beispiel für einen deutschsprachigen Dichter von humorvollen Texten, ähnlich wie Wilhelm Busch oder Erich Kästner
- ✓ Beispiel für Gedichte, die mit Sprache spielen
- ✓ Beispiel für humorvolle Lyrik, ähnlich wie die von Christian Morgenstern

Wer war das?

Joachim Ringelnatz hieß mit bürgerlichem Namen Hans Bötticher. Er war Schriftsteller, Kabarettist, Lyriker und Maler. Seine Werke sind Klassiker des deutschsprachigen Humors. Neben Wilhelm Busch oder Erich Kästner ist er heute einer der beliebtesten Dichter des 20. Jahrhunderts.
Doch während seines Lebens wurde ihm oft übel mitgespielt. Er wechselte häufig seinen Wohnsitz und nahm jeden Job an, um seinen Lebensunterhalt zu sichern, ganz gleich, ob auf See oder an Land.
Ringelnatz war nur 1,60 m groß und hatte ein melancholisches Gesicht, das an einen Vogel erinnerte. Wegen seines Aussehens wurde er oft gemobbt. Prominente Schauspieler reisten nach dem Tod des Dichters durch deutschsprachige Länder und rezitierten gern seine Gedichte.

Wann war das?

Joachim Ringelnatz wurde 1883 in Wurzen bei Leipzig geboren. 1934 starb er in Berlin.
Schon sein Vater verfasste humoristische Texte. Joachim Ringelnatz stand ihm menschlich und beruflich sehr nahe. Die Beziehung zu seiner Mutter war sehr problematisch.
Joachim Ringelnatz benutzte in seinen Werken eine lakonische, ungekünstelte Alltagssprache und blieb seinem Stil bis zum Ende treu.
Eine Ähnlichkeit mit den Gedichten von Christian Morgenstern war zu erkennen. Doch Joachim Ringelnatz erklärte auf Nachfrage, dass er den Lyriker nicht gekannt habe.
In den letzten Jahren seines Lebens wohnte er in Berlin. Regelmäßigen Kontakt hatte er zu Renée Sintenis, Karl Hofer, Kurt Tucholsky, Claire Waldoff, Otto Dix, Otto Linnemann und Alfred Flechtheim.

Während des Dritten Reiches wurden viele seiner Bücher von den Nazis beschlagnahmt und verbrannt. Weil er kaum noch arbeiten konnte und durfte, starb er völlig verarmt.

Leseauftrag

Sowohl der Lesetext (**KV 1** oder **KV 2**) als auch die Textverständnisaufgaben (**KV 3** und **KV 4**) werden den Kindern zur Bearbeitung in differenzierter Form angeboten (leicht und schwer).

Kreativauftrag: Wir erproben verschiedene Gedichtformen

- **KV 5** auf DIN A3 & evtl. Karton kopieren
- ca. 120 Minuten

Die Kinder sammeln ihre Gedanken und Gefühle in einer Wörtersammlung, wie zum Beispiel eine Gedankensonne. Sie lernen unterschiedliche Gedichtformen kennen und füllen mithilfe ihrer Wörtersammlung die Zeilen.
Sie stellen ihre eigenen Gedichte vor und veranstalten einen Poetry-Slam-Wettbewerb.

KV 1 Name: Datum:

Froher Tagebucheintrag

Heute bin ich wieder nach Wasserburg gefahren.
Der Besuch bei meinem Freund Peter Scher tut mir immer gut.
Das Leben ist dann gleich viel leichter.
5 Wir beflügeln uns gegenseitig mit neuen Ideen.
Ich habe Peter in Schwabing kennengelernt.
Er ist ein hervorragender Schriftsteller.
Seine Texte sind voller Heiterkeit und guter Laune.
Ich lege sie ungern wieder aus der Hand.
10 Meine Texte sind von vielen Verlagen abgelehnt worden.
Doch Peter haben meine Texte gefallen.
Ich bin nun sein Hausdichter.
Er hat mich gebeten, Gedichte zu schreiben.
Sie erscheinen in einer Zeitschrift.
15 Für diesen Auftrag bin ich Peter sehr dankbar.
Endlich habe ich Erfolg und verdiene Geld.
Darüber hinaus werde ich jetzt zu Lesungen eingeladen.
Ich werde mir den Künstlernamen Joachim Ringelnatz geben.

Wortspeicher

Wasserburg	**Peter Scher**
beflügeln	**Schwabing**
hervorragend	**Schriftsteller**
Verlagen	**Zeitschrift**
Künstlernamen	**Joachim Ringelnatz**

KV 2

Name: Datum:

Froher Tagebucheintrag

Heute bin ich wieder nach Wasserburg gefahren.
Der Besuch bei meinem Freund Peter Scher tut mir immer gut.
Das Leben ist dann gleich viel leichter.
5 Wir beflügeln uns gegenseitig mit neuen Ideen.
Ich habe Peter in Schwabing kennengelernt.
Seine Herzenswärme ist unerschöpflich.
Zu ihm habe ich grenzenloses Vertrauen.
Schöneres vermag heute niemand einem anderen zu
10 schenken.
Peter ist auch ein hervorragender Schriftsteller.
In seinen Büchern ist ihm Humor sehr wichtig.
Seine Texte sind voller Heiterkeit und guter Laune.
Ich lege sie ungern wieder aus der Hand.
15 Zwischen Christian Morgenstern und Matthias Claudius sollte sein Ehrenplatz sein.
Meine Texte sind von vielen Verlagen abgelehnt worden.
Doch Peter ist von meinen Werken immer begeistert gewesen.
Ich bin nun sein Hausdichter.
Er hat mich gebeten, für seine Zeitschrift Beiträge zu verfassen.
20 Denn er ist auch noch Redakteur der Zeitschrift „Simplicissimus".
Für diesen Auftrag bin ich Peter sehr dankbar.
Endlich habe ich Erfolg und verdiene Geld.
Darüber hinaus werde ich von anderen eingeladen, aus meinen Werken vorzutragen.
25 Ich werde mir den Künstlernamen Joachim Ringelnatz geben.

Wortspeicher

Wasserburg	Peter Scher	beflügeln Schwabing
hervorragender	Schriftsteller	Christian Morgenstern
Matthias Claudius	Joachim Ringelnatz	Simplicissimus
Redakteur	Künstlernamen	

KV 3

Name: Datum:

Was hast du über Ringelnatz erfahren?

1. Was wisst ihr über Joachim Ringelnatz?

- Lest den Text „Froher Tagebucheintrag" still und allein.
- Klärt Begriffe, die ihr nicht versteht.
- Lest euch den Text nun gegenseitig vor.
- Nennt der Reihe ein Wort aus dem Wortspeicher.
- Die anderen Kinder müssen es im Text suchen und markieren.
- Tauscht euer Wissen über Joachim Ringelnatz aus.

2. Bastelt aus Kochlöffeln zwei Stabpuppen. Eine hat den Namen Joachim Ringelnatz und die andere hat den Namen Peter Scher.

- Nehmt die Stabpuppe mit dem Namen Joachim Ringelnatz. Erzählt den Text.
- Nehmt die Stabpuppe mit dem Namen Peter Scher. Ihr müsst dazu den Text etwas verändern und aus der Sicht des Freundes formulieren.
- Spielt einen Dialog zwischen den beiden.

So bastelst du eine Stabpuppe:

Beispiel für die Erzählung aus der Sicht des Freundes Peter Scher:

Heute ist mein Freund Joachim wieder zu mir nach Wasserburg gekommen.
Der Besuch bei mir tut ihm immer gut.
Das Leben ist für ihn dann gleich viel leichter.
Wir beflügeln uns gegenseitig mit neuen Ideen.
Ich habe Joachim in Schwabing kennengelernt.
Er lobt meine Texte sehr und legt sie ungern wieder aus der Hand.
Doch mir gefallen seine Texte auch.
Er ist nun mein Hausdichter.
Ich habe ihn gebeten, Gedichte für meine Zeitschrift zu verfassen.
Endlich hat er Erfolg und verdient Geld.
Darüber hinaus wird er zu Lesungen eingeladen.
Er hat sich den Künstlernamen Joachim Ringelnatz gegeben.

KV 4

Name: _____ Datum: _____

Was hast du über Ringelnatz erfahren?

1. Was wisst ihr über Joachim Ringelnatz?

- Tauscht euer Wissen über den Dichter aus.

2. Führt eine Lesekonferenz durch.

- Lest den Text „Froher Tagebucheintrag" still und allein. Unterstreicht Wörter, die ihr nicht versteht, und klärt sie.
- Überlegt gemeinsam Fragen zum Text und schreibt sie auf.
- Markiert die Wörter aus dem Wortspeicher.
- Lest euch den Text gegenseitig vor.
- Lest nun den Text „Froher Tagebucheintrag" im Flüsterton vor.
- Tragt den Text sinngestaltend mit Mimik und Gestik vor.
- Legt gemeinsam fest, wie ihr mit dem Text noch weiterarbeiten möchtet. Ihr könnt passende Methoden auch selbst bestimmen.

  a) Stellt der Reihe nach Fragen und beantwortet sie.
  b) Teilt den Text in mehrere Sinnabschnitte und schreibt zu jedem Sinnabschnitt eine Überschrift auf.
  c) Welche Personen kommen in dem Text vor? Markiert sie im Text.
  d) Welche Stellen in dem Text sind bedeutsam? Markiert sie im Text.
  e) Spielt einen Dialog zwischen den beiden Freunden. Schreibt den Text dazu in die wörtliche Rede um.
  f) Wie würde ein Reporter den Text als Bericht für die Zeitung aufschreiben?
  g) Erzählt den Text aus der Sicht seines Freundes.

  h) _____

  i) _____

KV 5/1

Name: Datum:

Wir erproben verschiedene Gedichtformen

1. Schreibt selbst Gedichte.

Überlegt euch zuerst ein Thema. Sammelt eure Gedanken und Gefühle gemeinsam in einer Gedankensonne. Ihr könnt nun in Einzelarbeit freie Gedichte mit oder ohne Reime verfassen. Ihr könnt aber auch still und allein eine Gedichtform aus den nachfolgenden Lernangeboten auswählen. Ihr könnt auch noch andere Gedichtformen, die ihr kennt, nutzen.

2. Führt eine Lesung durch.

Plant und organisiert eine Lesung oder ein Poetry-Slam-Wettbewerb. Präsentiert eure Gedichte.

Gedichtform 1: Wenn-Dann-Gedicht

Zähle drei Gedanken hintereinander auf, die alle mit deinem Thema zu tun haben und alle gemeinsam etwas Besonderes bewirken. Setzt eine Überschrift darüber.

_____

Wenn _____ ,

und _____ ,

dann _____ .

Gedichtform 2: Was ich mag

Wenn du aufzählen möchtest, was du an deinem Thema alles magst, dann kannst du dies in dem Was-ich-mag-Gedicht zum Ausdruck bringen. Du zählst es in den ersten drei Strophen auf und in der vierten drückst du aus, was es in dir auslöst.

Ich mag _____ ,

wenn _____

Ich mag _____ ,

wenn _____

KV 5/2

Name: Datum:

Gedichtform 3: Gedankenrondo

Schreibe dein Thema jeweils in die erste, dritte und fünfte Zeile (1). Schreibe in die zweite Zeile, was du unbedingt dazu sagen möchtest. Schreibe in die vierte Zeile, was dir sonst noch dazu einfällt.

_____ (1)

_____ (2)

_____ (1)

_____ (4)

_____ (1)

Gedichtform 4: seven poetry

Denke über dein Thema nach. Setze dieses Wort jeweils in die erste, vierte und sechste Zeile. Schreibe in die zweite Zeile, was du unbedingt dazu sagen möchtest. Schreibe in die dritte Zeile ein Erlebnis dazu auf. Schreibe in die fünfte Zeile dein Gefühl dazu auf. Schreibe in die siebte Zeile einen Wunsch dazu auf.

_____ (x)

_____

_____

_____ (x)

_____

_____ (x)

_____

Friedrich Schiller

Warum Friedrich Schiller?
✓ Beispiel für einen großen Dramatiker unseres Landes
✓ Beispiel für einen Dichter, der aktuelle Themen der Gesellschaft seiner Zeit aufgriff und seine Lyrik in gewaltiger und einfühlender Sprache zum Ausdruck brachte
✓ Beispiel für einen Dichter der Weimarer Klassik neben Johann Wolfgang von Goethe

Wer war das?
Friedrich Schiller war einer der bedeutendsten deutschen Dramatiker, Lyriker und Essayisten. Der Dichter brachte seine Lyrik in einer gewaltigen Sprache zum Ausdruck.
In der „Bürgschaft" stellte er den Glauben an die freundschaftliche Liebe und Treue in den Mittelpunkt, in der „Glocke" beschrieb er in großartigen Versen den Vorgang des Gießens, in seinem „Der Taucher" beschrieb er den Eindruck unter Wasser, in „Wilhelm Tell" erzählte er die Geschichte des Freiheitskämpfers und in „An die Freude" erläuterte er mit hohem Pathos das klassische Ideal einer Gesellschaft gleichberechtigter Männer, die durch Freude und Freundschaft eng verbunden sind.
Seine Werke gehörten gemeinsam mit denen von Johann Wolfgang von Goethe zur Weimarer Klassik. Goethe bezeichnete seine Gedichte als Erlebnisdichtung und die von Schiller als Gedankenlyrik.
Schillers große Leistung bestand darin, das Wahre mit allen Sinnen erfasst und das Denken versöhnlich gestaltet zu haben.

Wann war das?
Friedrich Schiller kam 1759 in Marbach am Neckar zur Welt und starb 1805 in Weimar. Schon sein erstes Drama „Die Räuber" gehörte zur Weltliteratur. Mit „Don Karlos", „Kabale und Liebe" und „Wallenstein" schuf er weitere große Werke. Seine kraftvolle und einfühlende Sprache und die großen aktuellen Themen der Gesellschaft seiner Zeit kennzeichneten seine Dramen.

Er beflügelte durch seine Werke auch Friedrich Hölderlin, der gerne seine Gesellschaft suchte. Auch mit Wilhelm und Alexander von Humboldt hatte er Kontakt.

Leseauftrag
Sowohl der Lesetext (**KV 1** oder **KV 2**) als auch die Textverständnisaufgaben (**KV 3** und **KV 4**) werden den Kindern zur Bearbeitung in differenzierter Form angeboten (leicht und schwer).

Kreativauftrag:
Wir schreiben Sinnesgedichte

- **KV 5** auf DIN A3 & evtl. Karton kopieren
- ca. 90 Minuten

Die Kinder sammeln Wörter von ihren Sinneseindrücken und fassen sie in einer Gedankensonne zusammen. Sie bringen sie in lyrischen Formen kreativ zum Ausdruck. Die beiden vorgegebene Gedichtformen können sie dafür nutzen.

KV 1

Name: Datum:

Das Geheimnis in der Schublade

Friedrich Schiller nahm die Welt mit allen Sinnen wahr.
In vielen Werken brachte er diese Eindrücke zum Ausdruck.
Er saß oft stundenlang an seinem Schreibtisch.
In einer der Schubladen befand sich ein Geheimnis.
5 Fast niemand wusste davon.
Das, was er dort hütete, brauchte er zum Nachdenken.
Der Geruch tat ihm gut und beflügelte ihn beim Schreiben.
Ohne ihn konnte der Dichter kaum leben und arbeiten.
Eines Tages kam Johann Wolfgang von Goethe zu Besuch.
10 Doch Friedrich Schiller war noch im Haus beschäftigt.
Deshalb ging er allein ins Arbeitszimmer.
Er setzte sich hinter den Schreibtisch des Freundes.
Ihn interessierte, was dieser wieder geschrieben hatte.
Doch er konnte sich gar nicht auf das Lesen konzentrieren.
15 Schon nach wenigen Minuten wurde ihm furchtbar übel.
Er ging zum Fenster, öffnete es und atmete frische Luft ein.
Als Friedrich Schiller endlich kam, weihte er seinen Freund ein.
In der Schublade lagen …

… mehrere faulende Äpfel.

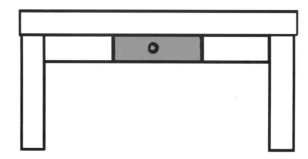

Wortspeicher

Friedrich Schiller	Schublade	Geheimnis
beflügeln	stundenlang	Schreibtisch
Dichter	Äpfel (Apfel)	Eindrücke (Eindruck)
Ausdruck	nahm (nehmen)	wahr
Johann Wolfgang von Goethe		beschäftigt

KV 2

Name:　　　　　　　　　　　Datum:

Das Geheimnis in der Schublade

Friedrich Schiller schrieb viele bedeutende Werke.
Darin brachte er zum Ausdruck, dass er die Welt mit allen Sinnen wahrnahm.
5 Er saß oft stundenlang an seinem Schreibtisch.
In einer der Schubladen verbarg er ein Geheimnis.
Was er darin hütete, brauchte er zum Nachdenken.
Der Geruch tat ihm gut und beflügelte ihn beim Schreiben.
10 Ohne ihn konnte der Dichter kaum leben und arbeiten.
Eines Tages kam Johann Wolfgang von Goethe zu Besuch.
Weil Friedrich Schiller noch nicht fertig war, ging er allein ins Arbeitszimmer.
Er setzte sich hinter den Schreibtisch des Freundes.
15 Ihn interessierte, was dieser wieder geschrieben hatte.
Doch er konnte sich gar nicht recht auf das Lesen konzentrieren.
Schon nach wenigen Minuten wurde ihm furchtbar übel.
Johann Wolfgang von Goethe fand den Geruch überhaupt nicht anregend.
20 Er ging zum Fenster, öffnete es und atmete erst einmal frische Luft ein.
Als der Dichterfreund endlich kam, fragte er nach der Ursache des üblen Geruchs.
Friedrich Schiller weihte ihn in sein Geheimnis ein.
In der Schublade befanden sich …
25　　　　　　　　　　… mehrere faulende Äpfel.

Wortspeicher

Friedrich Schiller	**bedeutende**	**übel**
interessierte	**stundenlang**	
Geheimnis	**Johann Wolfgang von Goethe**	
verbarg (verbergen)	**wahrnahm**	

77

KV 3

Name: Datum:

Was hast du über Schiller erfahren?

1. Was wisst ihr über Friedrich Schiller?

- Lest den Text „Das Geheimnis in der Schublade" still und allein.
- Klärt Begriffe, die ihr nicht versteht.
- Lest euch den Text nun gegenseitig vor.
- Nennt der Reihe nach ein Wort aus dem Wortspeicher.
- Die anderen Kinder müssen es im Text suchen und markieren.
- Tauscht euer Wissen über Schiller aus.

2. Rollenspiel: Spielt die Situation nach.

Legt fest, wer die Rolle von Friedrich Schiller und Johann Wolfgang von Goethe übernimmt.

3. Bestellt ein Lernplakat.

Nehmt ein großes Blatt. Erstellt das Lernplakat gemeinsam. Schreibt das Bedeutsame aus dem Text in Stichworten gut leserlich auf. Zeichnet auch Bilder dazu.

4. Erstellt ein Comic.

Zeichnet einen Comic, in dem ihr in mehreren Bildern die Handlung darstellt. Schreibt in Denk- oder Sprechblasen auf, was die Personen denken oder sprechen.

5. Übt das Vorlesen.

Findet euch zu zweit zusammen. Lest euch gegenseitig den Text laut vor. Gebt euch Tipps zur Verbesserung.

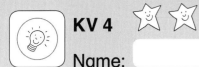  

Was hast du über Schiller erfahren?

1. Was wisst ihr über Friedrich Schiller?

Tauscht euch darüber. Lest den Text „Das Geheimnis in der Schublade" still und allein. Klärt Begriffe, die ihr nicht versteht. Lest euch den Text nun gegenseitig vor. Sucht gemeinsam im Text die Wörter aus dem Wortspeicher und markiert sie.

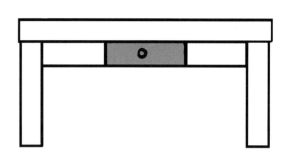

2. Macht einen Vorlesewettbewerb.

- Führt einen Vorlesewettbewerb durch. Lest auch andere Texte über verschiedene Dichter. Ihr könnt über Kindersuchmaschinen im Internet weitere Texte über Dichter auswählen.
- Übt das Lesen vorher gut. Achtet beim Vorlesen darauf, dass ihr laut und deutlich sprecht, flüssig lest, sinnvoll betont, sinngestaltend Mimik und Gestik einsetzt und hin und wieder die Zuhörer anschaut.

3. Kompetenzbogen: Kreuzt an, was ihr schon könnt oder was ihr noch weiter üben müsst.

Vorlesen: Kompetenzbogen	Kann ich schon gut	muss ich weiterüben
Ich erkläre den Zuhörern, was ich vorlese und von welchem Autor der Text ist.		
Ich lese klar und deutlich vor.		
Ich lese laut und für alle verständlich.		
Ich betone sinnvoll.		
Ich berücksichtige die Satzzeichen.		
Ich lese flüssig und stocke nicht.		
Ich lese in einem angemessenen Tempo.		
Ich mache mitunter gezielt kurze Pausen.		
Ich setze Mimik und Gestik beim Vortragen ein.		
Ich schaue hin und wieder zum Publikum.		
Ich nehme Blickkontakt zum Publikum auf.		
Ich trete selbstbewusst auf.		

KV 5

Name: Datum:

Wir schreiben Sinnesgedichte

1. Sammelt Wörter zu euren Eindrücken mit allen Sinnen und schreibt sie in eine Gedankensonne.

2. **Sinneseindrücke:**
   - Konzentriere dich auf etwas, was dich an deinem Thema beschäftigt oder beeindruckt.
   - Schreibe dazu auf, was du hören, was du sehen und was du fühlen kannst.
   - Formuliere in einem weiteren Satz, was du unbedingt dazu sagen möchtest oder was du dazu weißt. Lobe und danke jemandem dafür, der dir diese Erlebnisse ermöglicht. Schreibe auch eine Überschrift darüber.

   _____

   Ich höre _____ , _____ .

   Ich sehe _____ , _____ .

   Ich fühle _____ , _____ .

   Ich weiß _____ , _____ .

   Ich _____ .

Name: Datum:

Reflexionsbogen

1. Was hast du gelernt?

2. Was hat dir gefallen?

3. Was war dir besonders wichtig?

4. Was hat dir nicht gefallen?

5. Womit wirst du dich noch weiter beschäftigen?

6. Welche Frage hast du noch?

7. Welchen Verbesserungsvorschlag hast du?

Lösungen

Lösung zu Wilhelm Busch

KV 4: Leseaufträge

2. Arbeitsauftrag:

	richtig	falsch
Wilhelm Busch wuchs bei seinen Eltern auf.	O	X
Er wuchs bei seinem Onkel auf.	X	O
Er konnte dort die Schule besuchen und etwas lernen.	X	O
Er hatte einen Haarwirbel und kämmte ihn zu einer Tolle.	X	O
Er hatte Pausbäckchen und einen Pagenschnitt.	O	X
Sein einziger und wahrer Freund war Erich Bachmann.	X	O
Erich war der Sohn des wohlhabenden Müllers.	X	O
Erich und Wilhelm gingen oft im Mühlenteich baden.	X	O
Sie hielten sich aber gerne in der Mühle auf.	X	O
Sie machten alberne Streiche.	X	O
Wilhelm Busch erfand die Figuren Max und Moritz.	X	O
Er schrieb ihre Streiche auf und zeichnete dazu Bilder.	X	O
Er schrieb alles so auf, wie Erich und er es erlebt hatten.	O	X
Er übertrieb maßlos und dramatisierte alles.	X	O

Lösung zu Erich Kästner

KV 4: Leseaufträge zum Textverständnis

2. Arbeitsauftrag:

Erich Kästner hatte
- X schon immer Freude am Schreiben.
- O schon immer Freude am Fliegen.
- O schon immer Freude am Militär.

Erich Kästner schrieb
- X das Buch "Emil und die Detektive"
- O das Buch "Die wilden Hühner"
- O das Buch "Der Grüffelo"

Erich Kästner erlebte
- X dass Kinder von seinen Büchern begeistert waren
- O dass die Kinder seine Bücher nicht mochten
- O dass die Bücher nur von Erwachsenen gelesen wurden

Lösung zu Charles Dickens

KV 3: Leseaufträge zum Textverständnis

2. Arbeitsauftrag:

Warum arbeitete Charles Dickens als Kind in einer Fabrik?
Er musste schon als Kind Geld verdienen und für seine Eltern und Geschwister sorgen.

Was machte er mit seinem Lohn?
Den Lohn behielt er nicht für sich, sondern gab ihn seiner Familie.

Wie verhielten sich die anderen Arbeiter ihm gegenüber?
Sie waren unfreundlich zu ihm und die Vorgesetzten sagten, dass er noch schneller arbeiten sollte.

Wie fühlte er sich?
Er gab sich viel Mühe, die Arbeit zu erledigen.
Doch mehr konnte er nicht leisten.
Denn er war ja noch fast ein Kind.
Manchmal war er traurig.
Oft hatte er Hunger.

Wodurch bekam er neue Kraft?
Es gab auch freundliche Menschen. Sie achteten ihn, gaben ihm zu essen, schenkten ihm Kleidung, machten ihm wieder neuen Mut und gaben ihm Kraft.

Warum konnte er nicht zur Schule gehen?
Durch die Arbeit konnte Charles nicht die Schule besuchen.

Was bereitete ihm schon immer große Freude?
Das Schreiben bereitete ihm immer große Freude.

Was erlebten seine Helden in den Romanen?
Seine Helden in den Romanen erlebten das, war er gut kannte.

Lösung zu James Krüss

KV 3: Leseaufträge zum Textverständnis

Lest die Fragen und schreibt die Antworten dahinter.

Wo lebte James Krüss?
James Krüss lebte auf Gran Canaria.
Er liebte die Ruhe in seinem kleinen Dorf.

Womit begann sein Tagesablauf?
Sein Tagesablauf begann mit einem Spaziergang.

Wen nahm er an die Hand?
Jeden Morgen nahm er Noelia an die Hand.
Noelia war die Tochter seiner Haushälterin Rosalia.

Wohin brachte er sie?
Er brachte Noelia zur Schule.

Was tat er, wenn er zurückkam?
Wenn er zurückkam, setzte er sich in sein Arbeitszimmer.

Was machte er dann?
Dann schrieb er spannende Geschichten.

Wer besuchte ihn am Nachmittag?
Am Nachmittag brachte Noelia häufig Kinder aus der Schule mit.
Sie setzten sich artig auf die Terrasse.

Was machte er dann?
Er las den Kindern aus seinen Büchern in spanischer Sprache vor.
Er war ein wunderbarer Erzähler.

Jederzeit optimal vorbereitet in den Unterricht?

»Lehrerbüro!

Hier finden Sie alle Unterrichtsmaterialien

der Verlage Auer, AOL-Verlag und PERSEN

immer und überall online verfügbar.

lehrerbuero.de
Jetzt kostenlos testen!

Das Online-Portal für Unterricht und Schulalltag!